Klaus Peter Stielow • Sehnsucht nach der Ferne

Klaus Peter Stielow

Sehnsucht nach der Ferne

Erinnerungen eines Seefahrers der DDR

FRIELING

Die Schreibweise in diesem Buch entspricht den Regeln der alten Rechtschreibung.

Bibliografische Information der Deutschen Nationalbibliothek
Die Deutsche Nationalbibliothek verzeichnet diese Publikation in der Deutschen Nationalbibliografie; detaillierte bibliografische Daten sind im Internet über http://dnb.d-nb.de abrufbar.

Rheinstraße 46, 12161 Berlin
Telefon: 0 30 / 76 69 99-0
www.frieling.de

ISBN 978-3-8280-2877-7
1. Auflage 2010
Umschlaggestaltung: Michael Reichmuth
Bildnachweis: Archiv des Autors

Printed in Germany

Inhalt

Prolog

Diese meine Lebensgeschichte wäre sicherlich anders verlaufen, wenn ich nicht meine Heimat durch die Auswirkungen des Zweiten Weltkrieges gezwungenermaßen hätte verlassen müssen. Meine Geburtsstadt Stargard in Pommern gehört heute zu Polen. Meine Kindheit und mein weiteres Leben verbrachte ich in meiner neuen Heimatstadt Rostock und somit bis zur deutschen Einheit 1989 in der DDR.

Der Wunsch nach Abenteuer und dem, was ich unter Freiheit verstand, kam bei mir schon in der Kindheit auf, brachte mich dann zur Seefahrt, denn das war für mich der einzige Weg, um auch der politischen Einengung in der DDR zu entgehen.

Bei der Staatsreederei „Deutsche Seereederei Rostock" war ich über 30 Jahre beschäftigt und auf über 20 Frachtschiffen tätig, vom Wiper bis zum Chiefengineer. Dabei hatte ich entsprechend meinen Seefahrtsbüchern über 18 Jahre auf See und im Ausland verbracht.

Mit der Einigung Deutschlands 1989 kam für die DDR-Bürger die Freiheit und Demokratie! Für den Kapitalismus begann das Jahrhundertgeschäft, man bekam einen ganzen Staat für ein „Butterbrot und ein Ei". Da die Deutsche Seereederei Rostock nicht in das Konzept der westdeutschen Reeder paßte, wurde diese zerschlagen. Eines der „Silberbestecke" der DDR wurde mit Hilfe der ominösen Treuhandgesellschaft zu symbolischen Preisen verscherbelt. Die über 160 Seeschiffe, der Besitz von über 60 Auslandsvertretungen der Reederei, Eigentum von Urlaubs- und Erholungszentren und Betriebsgebäude sowie flüssiges Kapital verschwanden spurlos. Die Flagge der Deutschen Seereederei Rostock gab es nicht mehr auf den Weltmeeren.

Ich wurde entlassen, also arbeitslos, und bekam ein Bakschisch als Abfindung für „treue Dienste".

Nach anfänglichen Startschwierigkeiten konnte ich mich dann auf dem kapitalistischen Arbeitsmarkt verkaufen, denn die westdeutschen Reeder wußten sehr wohl, daß unsere nautische und technische Ausbildung an den Seefahrtsschulen der DDR ein hohes Niveau hatte!

Ich fuhr dann als Chiefengineer fast fünf Jahre bei verschiedenen deutschen Reedereien, teilweise mit Sitz im Ausland, unter deutscher Flagge sowie der Flagge von Antigua, Zypern und Liberia, weltweit.

Diese meine Geschichte resultiert aus meinen Tagebuchaufzeichnungen, aber überwiegend aus meinen Erinnerungen – man möge mir dabei einiges verzeihen, denn Seeleute neigen zu Storys; einige Mitmenschen werden sich amüsieren, andere erbosen und dementieren. Ich betrachte diese Lebenserinnerungen nicht nur als meine, sondern auch als die vieler DDR-Seeleute und insbesondere meiner Kameraden auf See in beiden Gesellschaftssystemen.

Erinnerungen

Einige Schriftsteller und sonstige Memoirenschreiber erinnern sich ganz genau an ihre Kindheit, und das bis ins Detail. Meine frühere Kindheit beruht nur auf minimalen Erinnerungen und Erzählungen meiner Familie, und das besonders meiner Mutter.

Mein 1942er Jahrgang, als Kriegskind und Heimatvertriebener, war auch in der Nachkriegszeit nicht auf Rosen gebettet.

Mein Geburtsort Stargard in Pommern gehört heute zu Polen, und das wegen des verlorenen Krieges und der Neuaufteilung Deutschlands durch die Siegermächte. Die Flucht aus Stargard vor den Russen war ein einziges Drama und kommt einigen Filmen nahe.

Mein Vater war Soldat der Deutschen Wehrmacht und kam erst 1948 aus russischer Gefangenschaft zurück nach Deutschland. Er war physisch und psychisch am Boden zerstört.

Nach meinen Informationen war Otto in der Kommunistischen Partei Deutschlands, und solche Leute landeten meistens im KZ, waren in der Immigration oder wie mein Vater in einer Strafkompanie der Deutschen Wehrmacht, also Himmelfahrtskommando.

Nach Rückkehr aus der russischen Gefangenschaft in die Sowjetische Besatzungszone verstand er die Welt nicht mehr, das hatte er sich wohl anders vorgestellt. Durch seine angeschlagene Gesundheit und insbesondere seine mitgebrachte Lungenkrankheit mußte er in eine Lungenheilanstalt (Gelbensande bei Rostock).

Im Jahre 1953 verstarb er dann.

Für mich blieb mein Vater, auch durch das kurze Zusammensein, ein Unbekannter, und ich bin ohne Vater groß geworden.

Meine Mutter war, wie die meisten Zweite-Weltkriegs-Frauen, alleine auf sich angewiesen, dazu noch mit drei Kindern (mein Bruder, meine Schwester und ich).

Wie meine Mutter alleine die Flucht aus Stargard bewältigt hat, mit Schikanen, Ausplünderungen (durch Polen und Russen), Angst, daß meine Schwester vergewaltigt wird, Bombenangriffe auf den Flüchtlingstreck und bei Wind und Wetter über die Oder bis nach Stralsund, das erfüllt mich heute noch mit Dankbarkeit und Bewunderung. Mit vollbeladenen Pferdewagen waren wir von Stargard losgezogen, mit Rucksäcken kamen wir bei Verwandten in Stralsund an.

Unser Haus in Stargard verloren, ausgeplündert, aber wir lebten.

Nach kurzer Zeit mußten wir unsere Verwandten in Stralsund verlassen und zogen dann weiter nach Rostock, wo wir dann auch blieben.

Mein Geburtsort Stargard liegt etwa 36 Kilometer östlich von Stettin und etwa 40 Kilometer von der Grenze zum heutigen Deutschland.

Gegen Ende des Zweiten Weltkrieges wurde die wegen ihrer vielen mittelalterlichen Bauten als „Pommersches Rothenburg" bezeichnete Stadt weitgehend zerstört.

Wir wohnten im Torfmoorweg, in der Nähe war ein Flugplatz.

In meinem Unterbewußtsein haben sich die Bombenalarme und Luftangriffe auf Stargard eingeprägt. Noch heute zucke ich zusammen, wenn die Sirenen der Feuerwehr, des Zivilschutzes u. ä. ertönen.

Mein Vater Otto Hugo Stielow und meine Mutter, eine geborene Dorow, stammen beide aus kinderreichen Familien, mit einer größeren Anzahl von Schwestern und Brüdern. Beide Familien waren bodenständig und aus dem Kleinbürgertum. Durch den Zweiten Weltkrieg wurden beide Familien in alle Winde zerstreut, ein Teil nach Westdeutschland und einige ins Ausland. Wie viele auf der Flucht umkamen, ist unbekannt. Die meisten Familienpapiere sind durch die Flucht verlorengegangen.

Wenn mein Vater als Wehrmachtssoldat tatsächlich einmal Fronturlaub (Rußland) bekam, war das ein Ereignis, und das sicherlich nicht nur für die Familie! Meine Tante Martha tauchte dann regelmäßig auf, um den Frontsoldaten, der garantiert vom Krieg die Nase voll hatte, zu begrüßen. Die Arbeiten in Haus und Hof nahmen ihn voll in Anspruch! Otto hackte Holz, meine Tante Martha erschien, und der Gruß des Führers ertönte: „Heil Hitler, Otto!" Aber Otto hackte weiter, drehte ihr das Hinterteil zu und war taub!

Da wir ja eine nicht führertreue, mit Makeln behaftete Familie waren, mußten wir im Wohnzimmer ein großes Hitlerbild an die Wand hängen. Der zuständige Naziblockwart kam regelmäßig, ob das Bild noch da war. Aus Anlaß meiner Geburt bekam ich vom Führer ein Kinderbett geschenkt, und es ist mir heute noch eine „Ehre", darin geschlafen zu haben.

Mein Bruder Wolfgang, Jahrgang 1934, mußte Mitglied der Hitlerjugend sein, und meine Schwester Erika, Jahrgang 1928, war im „Bund deutscher Mädchen".

Mit Vormarsch der Sowjetarmee gegen Westen mußten wir schon einmal fluchtartig Stargard verlassen, da wir sonst in die Frontlinie geraten wären, aber nach einer Frontverlagerung gegen Osten (Rückzug der Russen) durften wir wieder zurück. Das war natürlich eine Katastrophe für uns, denn das Haus war ausgeplündert. Dazu kam, daß meine Mutter das Hitlerbild von der Wand abgenommen und auf einen Anbau des Hauses geworfen hatte, aber dummerweise lag Adolf mit dem Gesicht nach oben. Das war wohl der Anlaß, in uns stramme Nazis zu sehen und somit das Haus zu verwüsten.

Kurz vor unserer zweiten Flucht gab es auch ein tragisches Ereignis mit Albert, dem Bruder meines Vaters. Albert war Wehrmachtsoffizier und verlor an der russischen Front im Kampfeinsatz ein Bein, dadurch war er natürlich wehruntauglich. Er übernahm in Stargard daraufhin den Posten eines SA-Führers. Albert wurde auf der Flucht aus Stargard von Polen mit seinem provisorischen Bein erschlagen.

Die politischen Meinungen und Verhaltensweisen in unserer Familie gingen im Hitlerstaat weit auseinander. Entweder steht deine Familie im Vordergrund, und du machst alles mit, ohne von der Sache überzeugt zu sein, also Mitläufer, oder du bist erledigt (ein Schelm, der Parallelen zu heute zieht). Wer hat schon den Mut, den Helden zu spielen und alles aufzugeben?

Die neue Heimat

Nach unserer Ankunft in Rostock und unserer Anmeldung bei der Flüchtlingsstelle am 20.7.1945 wurden wir in einer Sammelstelle für Flüchtlinge untergebracht. Das war in der St.-Georg-Schule in der St.-Georg-Straße. Die Klassenzimmer waren für die Familien provisorisch mit irgendwelchen Laken, Planen und Decken abgeteilt. Schlafen konnte man auf Strohsäcken. Da wir ja sowieso keine persönlichen Sachen hatten, außer was wir auf dem Leib trugen, gab es also mit der Unterbringung kein Problem. Unser Gesundheitszustand war bedenklich, und wir litten alle an Unterernährung, insbesondere mein Zustand war schon auf der Flucht besonders kritisch, denn es gab ja keine Kindernahrung und Milchprodukte schon gar nicht. Auf der Flucht mußten mich meine Geschwister tragen, denn ich konnte nicht mehr laufen.

Die Zustände in dieser Schule waren unvorstellbar und konnten kein Dauerzustand sein. Wir wurden in einem notdürftig hergerichteten Keller in der St.-Georg-Straße untergebracht. Dort vegetierten wir eine Weile vor uns hin und bekamen dann eine kleine Wohnung mit Kochecke in der ersten Etage in der Strandstraße beim Stadthafen. Wir hatten noch keine Möbel und schliefen auf Strohsäcken.

Meine Mutter und meine Geschwister hatten ein unheimliches Organisationstalent, um Arbeit zu bekommen, wieder zur Schule zu gehen, Möbel und Einrichtungsgegenstände zu besorgen, und das Wichtigste natürlich: das Essen herbeizuschaffen. Es ging also wieder langsam voran, aber von einem Normalzustand weit entfernt. Wir wohnten nun in einer Hafengegend mit dem dazugehörenden Milieu.

In der Strandstraße standen noch viele Häuser, aber etwas höher im Zentrum waren sehr viele Häuser zerstört, Rostock war ja auch von den Alliierten stark bombardiert worden, die Lange Straße bestand nur noch aus Ruinen.

Der Stadthafen war durch die Russen mit einem undurchsichtigen Zaun völlig dichtgemacht. Über diesen Hafen erfolgten der militärische Nachschub und die Versorgung der Russen. Das war nun auch meine Welt.

Durch ein verschlossenes Hafentor führten Eisenbahngleise und in Weiterführung durch die Grubenstraße zum Güterbahnhof. Hier fuhren ständig geschlossene und offene Güterzüge hin und her. Darunter auch offene Güterzüge mit Kohleladung, die mit Kalk überzogen waren; wenn die nun in Richtung des Güterbahnhofes fuhren, mußten sie in der Kurve zur Grubenstraße, etwa auf Höhe der Getreidespeicher, langsamer fahren. Das war der Punkt, wo die größeren Jungen den Zug enterten und Kohle auf die Straße warfen, trotz Begleitschutz auf den Waggons und Gefährlichkeit der Aktion. Wir kleineren Jungen sammelten alles in Taschen und Beuteln auf. Die Beute wurde dann redlich geteilt. Diese gefährlichen Besorgungen waren unser Beitrag für die Ofenheizung und Küchenherde, denn Kohle gab es, wenn überhaupt, nur auf Bezugsschein.

Ein Teil des Hafens, etwa von den Getreidesilos in Richtung Bootswerft „Ludewig", war offen, und hier fand im Winter dann auch die Mutprobe des Eisschollenlaufens statt. Wenn du da nicht mitmachtest, warst du in der Clique erledigt. Durchnäßt und fast erfroren kam ich dann wieder zu Hause an und bekam immer viel Ärger.

Unsere Familienlage hatte sich inzwischen verbessert, meine Mutter arbeitete ständig, meine Geschwister waren fast nicht mehr zu Hause, und ich war auf mich alleine angewiesen, also ein sogenanntes Schlüsselkind (Wohnungsschlüssel um den Hals).

Wir zogen in eine Parterrewohnung (zwei Zimmer mit Küche, Gemeinschaftstoilette außerhalb) in der Altschmiedestraße in der Altstadt von Rostock um. Gegenüber unserem Mehrfamilienhaus waren alle Häuser durch Bomben zerstört, also ein einziges Trümmerfeld und für uns ein herrlicher Spielplatz.

Ich wurde 1948 in die „Deutsche Einheitsschule", also Grundschule, in der „Altstädtischen Knabenschule" beim Alten Markt in der Altstadt eingeschult. Man bescheinigte mir: „Klaus-Peters Mitarbeit ist rege, er ist sehr fleißig" und Leistungen „fast gut". Aber die Schule und die Pauker mochte ich nicht. Ich trieb mich lieber mit meinen Spielkameraden in den Trümmern, an der Warnow und in alten Bunkern in der Nähe der Rostocker Gaswerke herum. Im Haus neben uns eröffnete nun eine Bäckerei. Meine Mutter arbeitete dort, und ich kam nun des öfteren an Kuchen heran, ein unheimlicher Vorteil in dieser schlechten Zeit. Ich hatte plötzlich nun auch viele „gute Kumpel" und eine bessere Stellung in der Clique. Aber das nützte auch nichts, denn die Mutprobe mußte ich nun doch ablegen. Ganz in der Nähe unserer Straße stand die Nikolaikirche, diese hatte während der Fliegerangriffe auf Rostock einen Bombentreffer in den Kirchturm abbekommen, und auch das Hauptschiff war stark zerstört, im Inneren der Kirche lag alles voll Trümmer. Ich mußte nun auf dem Turmrand einmal herumgehen. Das war für mich kein Problem, aber der Menschenauflauf und die Feuerwehr waren für mich ein anderes Ding. Ich wurde dann von meiner Mutter bestraft, aber glücklich war sie doch, daß ich noch lebte.

Gegenüber unserem Haus wurde aus den Steinen der zerbombten Häuser von den größeren Jungen, wir kleineren waren Hilfsarbeiter, eine ansehnliche Burg gebaut. Natürlich mit einem Fahnenmast, an dem dann die Reichskriegsflagge gehißt wurde. Das war zu dieser Zeit natürlich ein Unding und zog einige Untersuchungen nach sich, die für einige übel ausging. Die Burg wurde von Russen und Hilfspolizisten gestürmt und plattgemacht.

Nun ging es in der Altschmiedestraße sichtlich voran, es wurde eine Straßenbahn gebaut, und die Trümmer wurden weggeräumt. Für uns gab es nun einen neuen Spaß. In den gesprengten Bunkern der Flugzeugwerke fanden wir unter anderem auch Sprengnieten für den Flugzeugbau der Heinkelwerke. Diese konnte man serienweise auf die Straßenbahnschienen legen, und es knallte wie Maschinengewehrfeuer. Das kam natürlich nicht gut an, und wir mußten gezwungenermaßen damit aufhören.

Nun mußte ich auch noch zum evangelischen Religionsunterricht, denn ich sollte ja konfirmiert werden. Das Pauken von Bibelversen und der sonntägliche Besuch der Kirche waren aber auch nicht mein Ding, und ich machte es auch nur, weil meine Mutter es so wollte.

Wir waren seit dem 7.10.1949 nun auch Deutsche Demokratische Republik geworden, und ich mußte in die Pionierorganisation und dann in die FDJ eintreten. Von diesen Organisationen wurden in den Sommerferien immer kostenlose Zeltlager durchgeführt, das fand ich ganz gut, nur der militärische Drill gefiel mir gar nicht.

Ich schloß 1956 die Grundschule ab, nur in Russisch erhielt ich eine „4", und das resultierte wohl aus dem, was unserer Familie widerfahren war.

Konfirmiert wurde ich dann auch noch, und das in meiner Nikolaikirche, mit dem Bibelvers:

Welche der Geist Gottes treibt,
die sind Gottes Kinder.
Röm. Kap. 8,Vers 14

Zwischen Traum und Wirklichkeit

Mit meiner Konfirmation war ich nun in die „Erwachsenenwelt" aufgenommen, und was nun? Meine Mutter arbeitete inzwischen auf der VEB Schiffswerft „Neptun" in Rostock. Da ich mich für die Schiffahrt interessierte und meine Mutter einige Beziehungen hatte, konnte ich ab September 1956 eine Lehrstelle als Feinblechschlosser antreten. Das Lehrlingsentgelt betrug zu DDR-Zeiten 135 DM. Meine Lehrlingszeit betrug drei Jahre, und das Schlimmste für mich war im ersten Jahr die Betriebsberufsschule, wegen der entsetzlichen Pauker. Die praktische Ausbildung in der Lehrwerkstatt war für mich kein Problem. Im dritten Lehrjahr wurden wir in verschiedenen Abteilungen des Schiffbaus eingesetzt. Unter anderem auch in der Bootswerft Gehlsdorf, wo Fischkutter und kleinere Kriegsschiffe, wie Torpedoschnellboote der DDR-Volksmarine, repariert wurden.

Inzwischen hatte sich in unserer Familie einiges geändert, insofern, daß meine Schwester schon 1948 heiratete und mein Bruder 1954. Ich lebte mit meiner Mutter alleine, wenn man von ihren Männerbekanntschaften absah. Darunter war auch Willi, ein verheirateter „Dauergast". Willi war ehemaliger Seemann, hatte es vom Steward zum Seemaschinisten mit kleinem Patent gebracht und war bei der HAPAG gefahren. Wenn Willi seine Seefahrtstorys erzählte, glänzten seine sonst trüben blauen Augen, und ich hörte andächtig zu.

Mein Bruder hatte inzwischen politische Karriere gemacht, war Mitglied der SED und FDJ-Sekretär von Rostock. Durch ihn bekam ich 1960 eine Fahrt mit einem FDJ-Sonderzug, dem „Blauen Expreß", in die Sowjetunion zur politischen Bildung verpaßt. Die Stationen waren Minsk, Leningrad und Moskau. Zu dieser Zeit lagen noch Stalin und Lenin im Mausoleum, und wir defilierten andächtig an diesen Mumien vorbei.

Es war meine erste Auslandsreise, und ich war von der ruhmreichen Sowjetunion beeindruckt. Die Fahrt des Sonderzuges endete wieder in Berlin, und da ich schon in Berlin war, besuchte ich meine Tante Herta in West-Berlin. Das war ja nun eine ganz andere Welt, und es war mir eigentlich verboten worden. Aber das war mir vollkommen egal, die Neugier hatte gesiegt! Es wurde nun verständlicherweise viel erzählt, auch daß die Tochter meiner Tante einen GI kennengelernt, geheiratet und in die USA ausgewandert war.

Ich wurde von meiner Tante reichlich mit „kapitalistischen Errungenschaften“ versehen und kam auch glücklich, durch die starken Zugkontrollen, in Rostock an. Die verordnete Bildungsreise ging politisch voll daneben!

Meine Lehrlingszeit war beendet, und ich arbeitete danach ab dem 1. September 1959 als Schlosser in der gleichen Schiffswerft.

Meine Brigade, in der ich nun arbeitete, wurde ausgezeichnet, und ich durfte mit einem Fährschiff am 14./15. Dezember 1960 nach Schweden fahren, also von Sassnitz nach Trelleborg, und sogar mit Landgang.

Das war ein umwerfendes Erlebnis und bestätigte mich in meinem Entschluß, zur See zu fahren.

Als ich mein junges Leben und meine Arbeit in dieser Schiffswerft so betrachtete, sagte ich mir: „Das kann nicht alles sein!“ Das Fernweh und der Traum von anderen Ländern wurde schon in meiner Kindheit geweckt, diese eingeengte DDR-Welt war für mich zu klein. Es gab somit zwei Möglichkeiten: ab in den Westen oder Seefahrt. Ich wählte doch das letztere und bewarb mich am 26. April 1960 beim „VEB Deutsche Seereederei Rostock“.

Angekommen

Nach einigen Problemen, denn die Vielzahl von Bewerbungen bei dieser Reederei war groß, erhielt ich eine Zusage und wurde am 14. Februar 1961 als Reiniger eingestellt. Das Gehalt von 360 DM war für mich nebensächlich!

Mein Einsatz im Maschinenbetrieb kam mir entgegen, denn ich hatte ja eine gute fachliche Ausbildung.

Daß ich nun mit dem niedrigsten Dienstgrad bei der Seefahrt anfing, nun gut, ich wußte ja, was mich erwartete, und hatte mich auf die niedrigsten Arbeiten eingestellt. Ein Reiniger war so etwas wie ein Moses an Deck und wurde von „unten" und „oben" getreten und gehänselt.

Daß ich nun gerade auf einem Passagierschiff und Renommierobjekt der DDR anfing, darauf hatte ich keinen Einfluß.

GTMS „Fritz Heckert“

Einige Parameter:
Länge über alles: 141,2 Meter
Breite auf Spanten: 17,6 Meter
Größter Tiefgang: 5,6 Meter
Höchstgeschwindigkeit: 19,0 Knoten
Deplacement: 7131 Tonnen
Passagiere: 157 Kabinen für 392 Plätze
Besatzung: 94 Kabinen für 181 Plätze

Ich reiste nun nach Wismar in die Schiffswerft, denn das neue Passagierschiff lag noch an der Ausrüstungspier und war in der Erprobungsphase. An beiden Schornsteinen prangte das FDGB-Zeichen (Freier Deutscher Gewerkschaftsbund).

Alle mit der Erprobung beschäftigten Besatzungsmitglieder waren im Streß, ich wurde kurz dem imposanten Chiefengineer, Herrn Hamann, vorgestellt. Das war ja nun schon sehr viel für mich unbedeutende Person.

Alle Besatzungsmitglieder wurden für die Aufgaben im Passagierschiffsbetrieb getrimmt. Unter anderem mußten wir nach Warnemünde und wurden auf dem Alten Strom zur Erheiterung der Urlauber und sonstiger Gucker in die Funktion der Rettungsboote eingewiesen.

Aber nun ging es los, ich wurde am 1. April 1961 in mein neues Seefahrtsbuch gemustert, damit gehörte ich zu den ausgewählten DDR-Seeleuten und kam somit auch in das kapitalistische Ausland.

In diesem Seefahrtsbuch stand auch die Seemannsordnung der DDR, und das war natürlich ein Ausdruck dieses Staates, denn in der Präambel stand:

Die Seeschiffahrt der Deutschen Demokratischen Republik hat bei der Entwicklung der Friedenswirtschaft und der Erfüllung der Wirtschaftspläne wichtige Aufgaben. Diese können nur erfüllt werden, wenn eine fortschrittliche Regelung der Arbeitsverhältnisse auf unseren Schiffen Bedingungen schafft, die den Belangen der Schiffahrt und den Rechten und Pflichten der Schiffsbesatzungen beim Aufbau des Sozialismus entsprechen.

Unterschrift

Rostock den 1961

Seefahrtsamt

Personalbeschreibung
Personal particulars

Familienname
Surname

Vornamen
Christian Names

Geburtstag
Date of Birth

Geburtsort
Place of Birth

Staatsangehörigkeit
Nationality

Фамилия

Имя

День рождения

Место рождения

Подданство

Augen

Familienstand

Als Ausweis ungültig

№ 14040

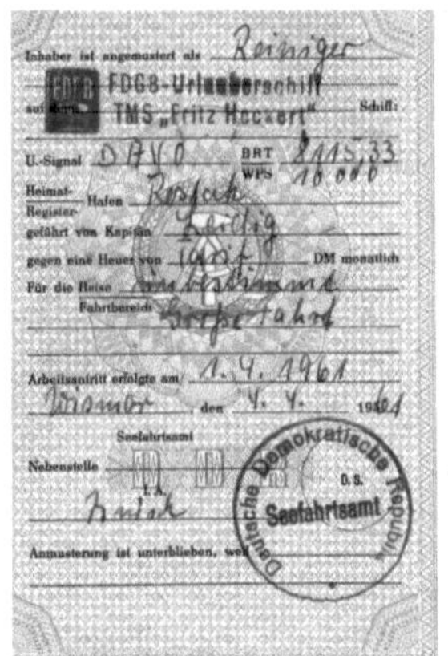

Inhaber ist angemustert als Reiniger

auf dem FDGB-Urlauberschiff TMS „Fritz Heckert" Schiff

U.-Signal DAVO BRT 8115,33 WPS 10 000

Heimat- Register- Hafen Rostock

geführt von Kapitän

gegen eine Heuer von DM monatlich

Für die Reise

Fahrtbereich

Arbeitsantritt erfolgte am 1. 4. 1961

Wismar den 4. 4. 1961

Seefahrtsamt

Nebenstelle

I. A.

Deutsche Demokratische Republik D. S. Seefahrtsamt

Anmusterung ist unterblieben, weil

Inhaber war auf dem FDGB-Urlauberschiff TMS „Fritz Heckert" Schiff

U.-Signal DAVO BRT WPS

während der Reise von

im Fahrtbereich der nach

vom bis

(Monate Tage)

tätig

mit einer Heuer von DM monatlich,

an Sozialbeiträgen wurden DM abgeführt.

den 19

Unterschrift des Kapitäns

Die vorstehende Unterschrift wird beglaubigt und die erfolgte Abmusterung hiermit vermerkt.

Wismar, den 19

Seefahrtsamt

Nebenstelle Wismar

I. A.

Abmusterung ist unterblieben, weil

№ 14040

Die Indienststellung wurde mit großer Propaganda und mit einem Volksfest gefeiert, und einige Ältere haben sich sicherlich an die KdF-Schiffe der Nazis erinnert, aber das war für mich kein Thema. Wir wurden reichlich mit Uniformen versorgt und trugen diese auch bei der Indienststellung.

Die ersten Kurzreisen gingen nach „Freundesland“, also nach Riga und Leningrad. Es fuhren nur ausgewählte und „verdienstvolle“ DDR-Bürger mit, einmal auch sogenannte „Erntekapitäne“, die hervorragende Leistungen in der Landwirtschaft vollbracht hatten. Solche Reisen mit „Bauern“ waren für die in den Salons und Bars tätigen Stewardessen und Stewards nicht attraktiv, denn es gab fast kein Trinkgeld und Valuta schon gar nicht. Außerdem lag die Kleiderordnung am Boden, denn diese Passagiere bewegten sich in irgendwelchen Latschen und Trainingsanzügen an Bord. Mir war das egal, ich bekam kein Bakschisch, mit den Passagieren kam ich fast nicht in Kontakt, und das war auch nicht erwünscht. Bei besonderen Leistungen war das aber möglich, und wir durften dann in den Salon zum Tanzen und in die Bar, Getränke gab es dann zu Transitpreisen. Zu diesen Anlässen mußten wir uns dann in Uniform werfen, uns zur Begutachtung dem Chiefengineer vorstellen, und der gab dann, mit Ermahnungen (wir sollten uns nicht betrinken), sein Okay.

Unter besonderen Leistungen wurde z. B. im Maschinenbereich die Beseitigung von außergewöhnlichen Störungen, dazu gehörte auch der Fäkalientank, verstanden.

Einige Passagiere entsorgten in den WCs alle möglichen Dinge, wie Kronenkorken von Flaschen, Zigarettenreste, Präservative und von Damen gewisse intime Gebrauchsgegenstände. Das sauste nun alles durch Rohrleitungen und Zerreißpumpen in den Fäkalientank. Oft erfolgte keine restlose Zerkleinerung, und die Schwimmerschalter und Grenzwertschalter funktionierten im Tank nicht mehr. Dann hieß es: „Freiwillige vor zur Tankreinigung!" Ich machte das auch einmal mit, um zu der versprochenen Vergünstigung zu kommen. Es half kein mehrfaches Duschen und auch kein Parfüm, der bestialische Gestank war vom Körper fast nicht wegzubekommen.

Für die gesamte Technik im Passagierbereich und an Deck war der Decks-Ingenieur „Papa Hartung" zuständig. Ein guter Fachmann, ein älterer und menschlich netter Mann.

Ich lernte ihn dadurch kennen, daß ich auch zu seiner Verfügung abgestellt wurde, da die Maschineningenieure von meinen handwerklichen Fähigkeiten überzeugt waren und bei „Papa" größere Arbeiten anfielen. Dem „Papa" war ein Plumber unterstellt, aber von ihm hatte er keine gute Meinung. Der Job des Plumbers war seine Spezialisierung für „Gas, Wasser und Schei...e", jedenfalls wurde es von uns so betitelt. Unser „Papa" meinte zu diesem Plumber: „Der erzählt zu viel, haut dir die Taschen voll und ist für diesen Job nicht tauglich." Nun hatte dieser Plumber auch so einen netten Namen, den wir dann verballhornten, und somit hieß er dann „Klofeld". Auch „Papa" sollte recht behalten, denn „Klofeld" machte später, nicht nur bei unserer Reederei, eine große SED-Parteikarriere, und das war dann der richtige Job für ihn.

Ein Problem war immer, daß wir nur beschränkt frei konvertierbare Währungen, also Valuta, bekamen, und für Mannschaftsdienstgrade waren das etwa maximal 30 DM (Westmark) im Monat. Damit konnte man natürlich keine großen Sprünge machen. Das Geld mußte während der Reise verbraucht werden, oder man bekam sogenannte Bazarscheine für den DDR-Intershop. Um sich größere Dinge leisten zu können, blieb nur der Ausweg Schmuggel, und da waren die Seeleute ja erfinderisch, man durfte sich nur nicht erwischen lassen. Dafür war der Zoll zuständig, denn der durchsuchte nach dem Einlaufen in einen DDR-Hafen gründlich das gesamte Schiff. Die Durchsuchung der Wohnkammern und auch Leibesvisitationen waren üblich, und wenn man erwischt wurde, war sogar das Seefahrtsbuch in Gefahr, und das bedeutete Berufsverbot, also Seefahrt ade. Das Schlimmste waren aber für den DDR-Seemann die Zuträger für den Zoll, Staatssicherheit und sonstige Überwachungsorgane. Es gab vielfach Fälle, wo der Zoll nach Einlaufen des Schiffes in einen DDR-Hafen gezielt auf ein Versteck losging und auch den Namen des Verdächtigen wußte. Wir hatten auch im kapitalistischen Ausland uneingeschränkt Landgang. Die Überwachungsbehörden der DDR wußten genau Bescheid über verdächtige Seeleute, wo sie sich im Ausland bewegten. Deshalb war es auch gefährlich, im Ausland, insbesondere in der BRD, Geld der DDR umzutauschen; der Kurs war meistens wie in West-Berlin 10 bis 14 DDR-Mark gegen 1 BRD-Mark. Für mich der blanke Wahnsinn bei meinem Gehalt.

Aber es gab Typen, die bewiesen, daß es auch anders ging. Wir lagen im Hafen von Reykjavik/Island, und ein Nautischer Offizier und seine Ehefrau, eine Stewardeß, kauften in einem Geschäft für DDR-Mark die begehrten Shetlandfelle und andere preisintensive Waren ein. Sie rechneten damit, daß das Schiff gleich auslief, dem war aber nicht so. Dadurch konnte der Geschäftsinhaber, dem wohl auf seiner Bank klar gemacht wurde, daß es sich hier um eine Inlandwährung handelte und diese somit wertlos sei, entsprechend reagieren.

Er verlangte mit Unterstützung der Behörden, also auch Polizei, eine Gegenüberstellung auf dem Schiff, und somit mußte die gesamte Besatzung an Deck antreten. Die Übeltäter wurden dann ermittelt und die Angelegenheit geregelt. Das war natürlich eine peinliche Situation und ein Imageschaden für die DDR. Da beide Mitglied der SED waren, geschah offensichtlich nicht viel, denn sie blieben in gleicher Funktion an Bord!

Meine Arbeit an Bord im Maschinenbereich war, wie von mir erwartet, dadurch bestimmt, daß ich sämtliche Dreckarbeiten machen mußte, die anfielen, also die Vielzahl der Aggregate in den Maschinenräumen, Sanitäreinrichtungen etc. reinigen und das berühmte Flurplattenschrubben durchführen.

Nach gewisser Zeit wurde ich dann auch bei Reparaturarbeiten, Anlagenüberwachung, Bedienung von Versorgungssystemen, Motoren- und Aggregatbedienung etc. eingesetzt.

Es war wohl für die Ingenieure offensichtlich, daß ich mich für die gesamte Technik stark interessierte, keinen Dreck scheute, alles gründlich und zuverlässig durchführte, und das wurde natürlich honoriert. Es war somit nur eine Frage der Zeit, daß ich mich im Dienstgrad verbesserte.

Am 13.8.1961 wurde dann die Mauer in Berlin gebaut, und somit war die DDR dichtgemacht. Zu diesem Zeitpunkt waren wir gerade mit „hervorragenden“ Bürgern auf Seereise, und unser nächster Hafen war Casablanca in Marokko. Der Bau dieses „antiimperialistischen Schutzwalls“ verbreitete sich wie ein Lauffeuer bei Passagieren und Besatzung, aber das natürlich nur hinter vorgehaltener Hand. Nach innerlicher Überwindung war für mich die Sache klar, ich konnte meine Mutter und die Familie nicht in Stich lassen.

Der Hafen Casablanca war für mich ein tolles Erlebnis und eine andere Welt, zumal ich das erste Mal in einem arabischen Staat war.

Viele Passagiere und auch Besatzungsmitglieder zogen die Konsequenzen und suchten die Botschaft der Bundesrepublik Deutschland auf und begingen damit die sogenannte „Republikflucht“. Diese über 25 Personen wurden in die Bundesrepublik ausgeflogen. Es erfolgte ein Auftritt im Westfernsehen, und „Sudel-Ede“ (Kommentator Eduard von Schnitzler vom DDR-Fernsehen) soll sich über diese „imperialistische Abwerbung“ zerfetzt haben.

Nun, für mich ging alles weiter, also seinen „sozialistischen Gang“. Ich wurde dann am 6.11.1961 zum Motorenhelfer umgemustert, und das bedeutete für mich auch eine kleine Heuererhöhung.

Nach dem Bau der „Berliner Mauer“ gab es für „normale DDR-Bürger“ keine Fernreisen in das kapitalistische Ausland bzw. in die BRD mehr.

Die DDR-Bürger konnten nun weiterhin in die befreundeten „sozialistischen Länder“ fahren. Das gefiel mir überhaupt nicht, und ich zog Erkundigungen ein, wie ich in die Frachtschiffahrt kommen konnte.

Es gefiel mir auch nicht mehr auf diesem Passagierschiff. Es war ja alles okay, das heißt, „Wein, Weib und Gesang" war alles in bester Ordnung. Aber dieses ständige In-Uniform-Umherlaufen, das war nicht meine Welt, und eine feste Bindung mit einer Frau eingehen, das wollte ich auch noch nicht.

Am 26.3.1962 bekam ich plötzlich eine Aufforderung vom Wehrkreiskommando Rostock zur Musterung, zum Wehrdienst bei der Nationalen Volksarmee.

Damit hatte ich nun überhaupt nicht gerechnet, mit der Armee hatte ich nichts im Sinn, ich hatte ja andere Pläne und Vorstellungen von meinem Leben. Diese rücksichtslose, keinen Widerspruch duldende und für mich menschenunwürdige Behandlung des zukünftigen Kanonenfutters gab mir dann auch den Rest. Meine Kumpels und ich waren wohl zwei Tage „blau"!

Danach kam plötzlich die erfreuliche Mitteilung: „Seeleute sind von der Armee freigestellt." Wir waren erneut wieder zwei Tage „blau".

Am 3.4.1962 hatte ich mein Ziel erreicht, ich wurde Maschinenassistent, das war das Sprungbrett zum Ingenieurstudium.

Nun begann für mich die „richtige Seefahrt"!

Für meine Arbeit auf dem Urlauberschiff GTMS „Fritz Heckert" wurde ich sogar gelobt. Ob ich darauf stolz sein konnte, wußte ich nicht so genau!?!

MS „Thälmann Pionier“

Ich wechselte nun zur Frachtschiffahrt über, das heißt, ich wurde auf einem Dampfschiff als Maschinenassistent gemustert. Das bedeutete für mich auch eine große Umstellung, so etwa wie von einem 5-Sterne-Hotel in eine Hafenspelunke, denn hier gingen auch die Uhren anders. Wenn man auf die Seefahrtsschule wollte, mußte man Dampffahrzeit nachweisen, sonst gab es Einschränkungen im Seepatent, also mußte ich da durch.

Einige Parameter:
Bauwerft: VEB Schiffswerft „Neptun“, Rostock
Länge über alles: 105,7 Meter
Breite auf Spanten: 14,4 Meter
Tiefgang Beladen: 6,3 Meter
Geschwindigkeit: 13,5 Knoten
Deplacement: 6415 Tonnen
Hauptmaschine: Kolbendampfmaschine mit Abdampfturbine
2750 Psi
Indienststellung: 15.3.1957

Mein Dienstbeginn war der 14.5.1962. Das Schiff lag in Wismar im Stadthafen, hatte technische Probleme, und was das bedeutete, bekam ich schnell zu spüren. Ich bekam eine 4-Mann-Kammer zu gewiesen, die sah fürchterlich aus, und wir wohnten darin zu dritt. Ich wurde dem Tagesdienst zugeteilt. Einen Tag bevor ich anmusterte, wurde das Schiff voll mit Schweröl bebunkert, aber das zu voll, denn eine größere Menge lief in den Laderaum, warum, wußte wohl keiner. Der untere Laderaum Nr. 2, in den das Schweröl hineinlief, hatte eine Bodenwegerung aus Holz, und darauf waren schwere Stahlmasseln mit Stahlklammern befestigt. Die riesigen Mengen von Stahlmasseln waren halb mit Schweröl geflutet, und unsere Aufgabe war es nun, alles zu reinigen. Diese verdammten Stahlmasseln sollten den von den Schiffbauern versauten Trimm wiederherstellen. Wir arbeiteten an dieser Sauarbeit tagelang, stanken elendig nach diesem Schweröl und bekamen die Hände nicht mehr sauber, denn an Arbeitsschutz hatte keiner gedacht (auch keine Atemschutzmasken).

Einen erheblichen Vorteil hatte dieser Tagesdienst ja, man konnte abends den Internationalen Club der Seeleute oder die bekannten Tanzlokale besuchen. Das nutzten wir auch ausgiebig und konnten von der Drecksarbeit abschalten. Meistens landeten wir in der Nachtbar „Kogge“ oder „Sonne“, und die Trophäen dieser nächtlichen Streifzüge, Damenslips und BHs, hingen dann, zum angeblichen Ärger der Offiziere, morgens in der Mannschaftsmesse an der Informationstafel.

Endlich waren die Reparaturarbeiten abgeschlossen, das Schiff verholte in den Überseehafen von Wismar und wurde beladen. Die Reise ging nun nach einigen westlichen Kontinenthäfen und weiter in Richtung mehrerer Häfen im Mittelmeer.

Ich wurde als 2. Mann in die Seewache im Maschinenraum eingeteilt. So eine Hauptmaschine mit offenem Triebwerk hatte ich noch nie gesehen, und die ganzen rotierenden Triebwerksteile sahen mächtig gefährlich aus. Warmes Kondensatwasser, vermischt mit Schmieröl, tropfte überall in die Kurbelwanne herunter.

Man brachte mir bei, wie man Pleuellagertemperaturen mit der Hand mißt; dazu mußte man mit der Handkante zwischen Kurbelwange und Pleuellager schlagen, um somit die gefühlte Temperatur zu ermitteln. Das erforderte bei drehendem Triebwerk (90 Umdrehungen pro Minute) eine erhebliche Selbstüberwindung, wobei auch bei Ungeschicklichkeit die Haut an den Knöcheln arg verletzt wurde. Um die Temperaturen der Kreuzkopfbahnen zu ermitteln, mußte man noch weiter in den Motor hineingehen, aber das packte ich auch nach einiger Zeit. Im gesamten Maschinenraum gab es natürlich diverse Dampfleitungen, zur Versorgung der notwendigen Aggregate für den Schiffsbetrieb. Teilweise waren diese auch nicht mehr so richtig isoliert; man mußte aufpassen, daß man sich nicht verletzte, und ich zahlte einiges Lehrgeld.

Die Hitze im Maschinenraum war bei höheren Außentemperaturen, gerade auch im Mittelmeer, fast unerträglich. Es gab keine elektrischen Maschinenraumlüfter, sondern nur Windhutzen, die entsprechend dem Seewind von Hand gedreht wurden. Für die Dampferzeugung wurden größere Mengen an Kondensatwasser benötigt. Zur Erzeugung dieses Wassers gab es zwei Seewasserverdampfer; das Seewasser wurde auf Dampfregister/Rohrbündel verdampft und das gewonnene Kondensat dann der Kesselanlage zugeführt. Diese Verdampfer standen im Maschinenraum in einem Zwischendeck, das war eine total ungünstige Stelle, und es herrschte dort eine mörderische Hitze. Wenn nun die Leistung dieser Verdampfer nachließ, mußten diese von Hand gereinigt werden. Dazu wurde dann das Rohrbündel, mit einem Durchmesser von ca. 1,5 Meter und einer Länge von 2,5 Meter, per Hand aus dem Verdampfer herausgezogen, eine elende Quälerei. Nun wurden die einzelnen Rohre mit Hammer, Handdrahtbürste und Schaber von der Salzkruste befreit, eine tagelange elende, entsetzliche Arbeit.

Eine der übelsten Arbeiten war auch die Reinigung der großen Kondensatzelle; dort wurde das von den Verbrauchern zurückfließende und auch mit Öl verschmutzte Kondensat gefiltert. Diese Kondensatzelle war ein großer Tank, in dem sich Aktivkohle, Kokosmatten und anderes Filtermaterial befand. Diese Arbeit wurde nur im Hafen durchgeführt, wenn der Hauptmotor nicht lief und ausreichend Zeit für die tagelange Arbeit zur Verfügung stand. Es mußten mehrere Tonnen dieser Filtermasse per Hand herausgeholt, in Säcke gefüllt und von unten aus dem Maschinenraum über steile Niedergänge an Deck zur Entsorgung geschleppt werden. Eine sehr dreckige und körperlich schwere Arbeit. Nachdem die Kondensatzelle gereinigt war, kam die Neuauffüllung, eine ähnliche Prozedur mit Staub und Dreck.

Zu dieser Zeit las ich gerade ein Buch eines meiner Lieblingsschriftsteller, B. Traven, „Das Totenschiff", und einige Ähnlichkeiten waren verblüffend. Der Mann ist auch einmal zur See gefahren, sonst kann man so etwas nicht schreiben. Besonders gefiel mir, was auch meine Stimmung ausdrückte:

„Wer hier eingeht,
des Nam' und Sein ist ausgelöscht.
Er ist verweht.
Von ihm ist nicht ein Hauch erhalten
in der weiten, weiten Welt."

Im Maschinenraum war ich nun so weit firm, daß ich selbständig Wache gehen konnte. Nun kam die nächste Aufgabe: Ich sollte in den Kesselraum und als Heizer fungieren. Das war natürlich eine erhöhte Dienststellung als Maschinenassistent, und ich mußte nicht mehr die ganzen Drecksarbeiten machen.

Da ich schon gute Erfahrungen im Kesselbetrieb von der GTMS „Fritz Heckert" hatte, war das für mich nichts Neues, nur die Größenordnungen eines Dampfschiffes waren natürlich anders. Aber ich packte das auch in kurzer Zeit und war dann alleine für den Kesselraum verantwortlich.

Im Kesselraum war auch ein Maschinentelegraf installiert, damit man sehen konnte, welche Manöver von der Brücke gefahren wurden. Der Dampfverbrauch des Hauptmotors war bei An- und Ablegemanöver enorm. Die Steuerung beider Kessel war „Steinzeitautomatik", es mußte vieles von Hand geregelt werden. Bei plötzlicher Dampfentnahme sanken die Wasserstände unheimlich schnell, und die Gefahr des „Ausbrennens" der Kessel bestand. Die Dampfkesselspeisewasserpumpen reagierten auch sehr träge, man mußte von Hand nachhelfen, und manchmal, wenn diese standen, die Kolben und das Gestänge mit der Brechstange in Bewegung setzen. Es war oft ein Alptraum, und mir stand wohl der Angstschweiß auf der Stirn.

Wir liefen an einem Freitag, den 13. aus Wismar aus und sollten in Stettin noch Ladung für Mittelmeerhäfen übernehmen. Mit den Seeleuten, die sich in diesem Hafen auskannten, erfolgte dann nach Geldumtausch auf dem Schwarzmarkt (DDR-Mark gegen Zloty) ein nächtlicher Bummel in die meistens von Seeleuten besuchten Bars „Kaskada" und „Paloma". Die „Kaskada" hatte eine von unten angestrahlte Glastanzfläche, an den Seiten hochgezogene Nischen, das übliche schummrige Barlicht und auch die entsprechende Damenbesetzung. Für Seeleute und sonstige zwielichtige Gestalten ein ideales Amüsement.

Wir hatten uns alle mehr oder weniger amüsiert, das Schiff war beladen, der Schiffshändler von BALTONA hatte auch alles geliefert, und die Reise ging los. Aber am Abend vor dem Auslaufen gab es noch ein Gaudi. Die Ingenieure hatten eine Party gefeiert und den von BALTONA berüchtigten braunen Rum getrunken, infolgedessen liefen alle am nächsten Tag mit Glatze und dickem Kopf umher.

Ich wurde ja vor diesem Teufelszeug gewarnt, und man sagte mir: „Wenn du das trinkst, brauchst du am nächsten Tag einen Blindenhund.“ Nun, ich brauchte keinen.

Der Lotse war an Bord, und wir liefen am Abend des 13. aus. Das war natürlich für viele abergläubische Seeleute kein Auslauftermin, und das konnte nicht gutgehen.

Auf der Revierfahrt, von Stettin in die Ostsee, hatten wir im Oderhaff eine Kollision mit einem Schiff unter ausländischer Flagge. Resultat waren ein Riß und Beulen am Bug an der Backbordseite unseres Schiffes. Die Gangway war an dieser Seite zerstört, und abgerissene Stahlteile lagen an Deck herum. Trotz des harten Zusammenstoßes war von unserer Besatzung Gott sei Dank niemand verletzt. Die Schäden waren erfreulicherweise über der Wasserlinie. Unser Schiff ging vor Anker, und es wurde Verbindung zu unserer Reederei aufgenommen. Wir sollten zurück zur Reparatur in einen DDR-Hafen. Das Geschrei der Glatzköpfe war sehr groß, denn einige waren auch verheiratet, und das Theater mit den Ehefrauen wäre nicht auszudenken gewesen.

Nun hieß es aber doch Reparatur in Stettin, denn das Risiko war zu groß, und die Versicherungs- und Klassifikationsgesellschaft machten wohl nicht mit. Die Reparatur dauerte nicht lange, und wir dampften nun endlich in Richtung unserer Zielhäfen im Mittelmeer. Unter anderem liefen wir auch Neapel an, für mich eine lebensfrohe Stadt, und ich hatte auch Zeit, mir einige Sehenswürdigkeiten anzusehen.

Am frühen Vormittag sollten wir dann auslaufen, am Vorschiff waren die Leinen „los“, und das Schiff klappte vorne ab, aber achtern gab es Ärger. Es gab ein Problem mit den Leinen, ein Poller wurde abgerissen, und durch Berührung der Pier mit dem Achterschiff hatten wir Beulen und einen Riß an der Backbordseite am Überwasserschiff. Nun hieß es wieder anlegen und Reparatur durch eine Fremdfirma, das kostete harte Devisen. Nach Erledigung aller Probleme ging es weiter, zu einem anderen italienischen Hafen, nach Monfalcone bei Triest in der Adria.

Von hier aus nach Venedig war es mit einem Pkw keine Entfernung, und

„Kalle", unser 3. Ingenieur, den ich schon von der GTMS „Fritz Heckert" als Maschinenassistent kannte, meinte: „Das machen wir!" Kalle arrangierte für uns und noch zwei Seeleute einen freien Tag. Wir mieteten uns einen Pkw, und sehr früh am Morgen ging es los. Für DDR-Seeleute war das Mieten eines Pkws im Ausland verboten, aber das scherte uns nicht. Eine solche Stadt zu sehen, war für einen „normalen" DDR-Bürger fast eine Unmöglichkeit, und so eine Chance bekam ich wahrscheinlich nicht noch einmal.

Wir waren natürlich überwältigt von den Sehenswürdigkeiten und dem Flair dieser Stadt. Den ganzen Tag wanderten wir durch die Lagunenstadt, ließen uns dann übermüdet auf dem Markusplatz zu einem Espresso und einer Cola nieder. Der Preis von 9 DM für eine Cola haute mich fast vom Stuhl, aber dafür wurden wir ja vom Musikorchester entschädigt.

Die Rückfahrt in der Dunkelheit und die ungewohnten italienischen Verkehrsverhältnisse bewältigte Kalle hervorragend, und wir waren wieder glücklich an Bord unseres Schiffes gelandet.

Der Alltag hatte uns wieder, wir liefen zu unserem albanischen Ladehafen Durres, die „Perle an der Adria", aus. Ich war nun wieder einmal in der 04:00-08:00-Uhr-Wache, der Vorzugswache des 1. Ingenieurs, eingeteilt, und das kam mir sehr entgegen, denn die „Hundewache", also die 00:00-04:00-Uhr-Wache, mochte ich überhaupt nicht. Meine Aufgabe war auch, spätestens um 06:00 Uhr in der Kombüse den Schiffsherd anzufeuern. Dieser Herd wurde durch einen Ölbrenner beheizt, der Koch hatte keine Ambitionen, diesen für ihn gefährlichen Erststart durchzuführen. Also den Herd „lüften", den Ölbrenner an und die brennende „Lunte" hinein, es erfolgte ein „Rums", und die schweren Herdplatten flogen in die Höhe. Der Schiffsherd wurde warm, der Koch war zufrieden, und ich hatte mein Gaudi. Dafür gab es dann für mich ein Extrafrühstück.

Wir kamen nun in ein kommunistisches Land, für uns ein „sozialistisches Bruderland", und der stalintreue Diktator Enver Hoxha (Hodscha) war überall gegenwärtig. Unsere Ladung war für die DDR bestimmt, bestand aus Bitumen in Stahlfässern und albanischen Zigaretten.

Wir lagen hier nun länger, denn die Albaner hatten große Probleme, die Ladung heranzuschaffen; die Krananlagen an der Pier waren marode, und es mußte vielfach mit dem Ladegeschirr des Schiffes gearbeitet werden. Wenn mal so ein klappriger Lkw russischer Bauart oder ein Pferdewagen mit der Ladung kam, war das für den Ladungsoffizier unseres Schiffes ein

Erfolgserlebnis. In der Nähe unseres Schiffes wurden kleine Granitsteine auf einer Barge verladen. Diese Arbeiten verrichteten gleichgekleidete Frauen allen Alters, die von bewaffneten Aufsehern überwacht wurden. Die Frauen mußten die schweren mit Granitsteinen gefüllten Bastkörbe über eine Laufplanke balancieren und auf die Barge schütten. Das war nicht nur für mich ein schrecklicher Anblick.

Von den Behörden bekamen wir auch Landgang, das aber nur mit mindestens zwei Personen und zeitlich limitiert. In Durres sah man eine bedrückt aussehende Bevölkerung, es gab keine Sehenswürdigkeiten, außer einem riesigen Stalindenkmal und den strahlenden mit Parolen behängten Staatsgebäuden.

In dieser sommerlichen Jahreszeit war es sehr warm, und wir machten für unseren Durst ein hotelähnliches Lokal mit dem Namen „Wolga" aus. Es war offiziell möglich, DDR-Mark in die Landeswährung „Lek" umzutauschen. Für einen feuchtfröhlichen Umtrunk reichte es dann in dem Lokal, und die unauffällig in Zivil gekleideten Geheimdienstleute, die uns ständig beobachteten, störten uns dabei nicht.

Durch die lange Liegezeit in diesem Hafen wurde das Schiff durch die Sonneneinstrahlung stark aufgeheizt, in den Mannschaftskabinen war die Hitze fast unerträglich, es gab keine Klimaanlage. Ich packte mein Bettzeug zusammen, ging am Abend zum Schlafen vorne auf die Back, dort war es auch schön ruhig, und man wurde nicht gestört.

Wir liefen nun endlich aus diesem nervigen Hafen aus und fuhren zur Bunkerung von Kraftstoff nach Augusta auf Sizilien.

Danach bekamen wir Order zum Anlaufen eines französischen Mittelmeerhafens, und zwar Marseille. Da fielen mir dann gleich der Roman von Dumas „Der Graf von Monte Christo" und auch die Marseillaise (seit 1879 die Nationalhymne) ein. Wir lagen in einem Vorhafen von Marseille, und ich trampte mit noch zwei anderen Seeleuten ca. zehn Kilometer in diese sehenswerte Stadt. Nachdem wir uns am Alten Hafen in einem netten Bistro am Quai du Port erholt und orientiert hatten, fanden wir auch die eigentlich nicht zu verfehlenden Touristen-Bootsstege am Quai des Belges. Wir setzten zu der Inselfestung (aus dem 17. Jahrhundert), einem ehemaligen Staatsgefängnis insbesondere für politische Häftlinge, mit einem kleinen Boot über. Für mich waren die kleinen Gefängniszellen erschreckend, und die angebliche Zelle des Grafen von Monte Christo sahen wir natürlich auch.

Nachdem unser Schiff Marseille verließ, nahmen wir Kurs in Richtung Heimat. Aber in der Nordsee bekamen wir Order, nicht durch den Nord-Ostsee-Kanal zu fahren, sondern um Skagen herum, also Dänemark einmal umrunden. Im „Großen Belt" war ein DDR-Schiff auf Grund gelaufen, und damit dieses Schiff freikam, sollten wir es leichtern, also Ladung übernehmen, denn wir hatten noch Freiraum. Wir gingen bei diesem in der DDR gebauten „Typ IV"-Schiff längsseits, und das war schon bei der nicht unerheblichen Strömung eine Leistung. Ein Seeschlepper der DDR hatte schon vergeblich versucht, das havarierte Schiff freizuschleppen, aber es gelang nicht. Mit dem Ladegeschirr der Schiffe wurde nun die Ladung übernommen, die bestand aus einer pulverigen Substanz in großen Bastkörben aus Fernost – wo das Schiff herkam. Die Schiffsbesatzungen mußten diese staubige Arbeit durchführen, es war eine elende Drecksarbeit, und auch die Schiffe waren mit diesem Zeug überpudert.

Die Umstauarbeiten wurden nur bei Tageslicht durchgeführt, denn in der Nacht war es zu gefährlich. In einer Nacht mußte unsere Maschine klargemacht werden, wir waren aber sowieso auf „Stand-by".

Einige Verbindungsleinen waren gebrochen, ursächlich war wohl die starke Strömung, verursacht durch die Tide. Die Gefahr, daß unser Schiff abklappte, bestand, und das sollte mit Maschinenmanöver verhindert werden. Nur bekamen wir leider eine abgerissene Kunststoffleine in den Propeller, unser Chiefengineer warf das Handtuch, der Hauptmotor ließ sich nicht mehr bewegen.

Von Dänemark wurden Taucher angefordert, die dann die Leine aus dem Propeller entfernten. Nun war auch Schluß mit lustig, der DDR-Hochseeschlepper „Spaßvogel" bekam nun Verstärkung von Dänemark mit Hochseeschleppern entsprechender Zugkraft, und das „Typ IV"-Schiff wurde von der Untiefe heruntergezogen.

Wir dampften auch ab und erreichten endlich unseren Heimathafen. Für die Leichteraktion des Schiffes erhielt unsere Besatzung eine Bergungsprämie, für mich war das etwa eine Monatsheuer.

Nach fast elf Monaten musterte ich am 8.4.1963 von diesem Dampfschiff ab, ich hatte ja viel erlebt, gelernt und echte Kameradschaft gefunden, die ich in den späteren Jahren aber stark vermißte.

Ein gestörtes Verhältnis zwischen Nautik und Technik, wie ich es später oft erlebte, egal aus welchen Gründen, war auf diesem Schiff nicht vorhanden. Das war insbesondere auch der Persönlichkeit des Kapitäns Just zu verdanken, der in allen Belangen den Menschen sah, kein heute übliches Mobbing duldete, die politischen Vorgaben der SED, die von ihm im Reiseauftrag gefordert wurden, in seinem Sinne auslegte und damit uns das sozialistische Gesülze ersparte.

Abgasfahne „volle Pulle" – es geht in die Heimat.

Nun wollte ich auf ein richtiges Dieselmotorschiff, und die Reederei entsprach diesem Wunsch. Ich musterte am 9.4.1963 auf dem Stückgutfrachter MS „Warnow" an.

MS „Warnow“

Einige Parameter:
Bauwerft: Rickmers, Bremerhaven, Bau-Nr. 259
Länge über alles: 118,6 Meter
Breite auf Spanten: 15,9 Meter
Tiefgang beladen: 6,2 Meter
Höchstgeschwindigkeit: 13,5 Knoten
Deplacement: 7460 Tonnen
Hauptmotor: 5 Z 125 Krupp-Wumag, 3050 PSe

Das Schiff gehörte zur sogenannten Alttonnage, die mit Vergrößerung der Deutschen Seereederei im kapitalistischen Ausland von der DDR gekauft wurde. Die Indienststellung erfolgte am 9.8.1962.

Das Schiff war in einem guten technischen Zustand, auch die Räume für die Besatzung waren sauber und ordentlich. Ich bekam nun auch endlich eine vernünftige Einzelkabine. Das Kuriose für mich war diese Hauptmaschine, mit eigenartigen Langkolben, also eine Bauweise, die sehr ungewöhnlich in der Technik ist. Die gesamte Beschriftung war in dänischer und englischer Sprache und erforderte nun Sprachkenntnisse, mit dem mir aufgezwungenen Russisch war hier nichts zu machen. Aber das war für mich und die Besatzung kein Problem. Das Schiff wurde im Mittelmeer eingesetzt, und ich war dann in einigen Kontinenthäfen und arabischen

Staaten. Darunter war auch Casablanca, und hier gefiel mir es immer, die Marokkaner sind nicht so aufdringlich wie in einigen anderen arabischen Staaten. Nach etwa vier Monaten musterte ich von diesem Schiff wieder ab, ich wollte auf ein größeres Schiff.

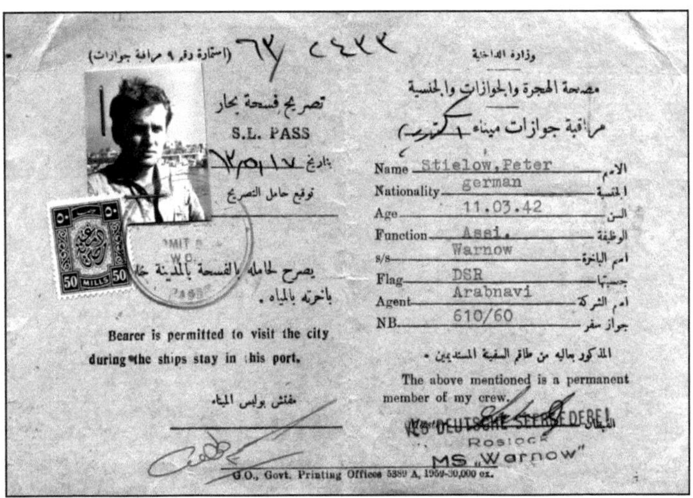

(استمارة رقم ٩ مراقبة جوازات)

وزارة الداخلية

مصلحة الهجرة والجوازات والجنسية

مراقبة جوازات ميناء

تصريح فسحة بحار

S.L. PASS

بتاريخ

توقيع حامل التصريح

Name	Stielow, Peter	الاسم
Nationality	german	الجنسية
Age	11.03.42	السن
Function	Assi.	الوظيفة
s/s	Warnow	اسم الباخرة
Flag	DSR	جنسيتها
Agent	Arabnavi	اسم الشركة
NB.	610/60	جواز سفر

يصرح لحامله بالفسحة بالمدينة خلال وجود باخرته بالمياه .

Bearer is permitted to visit the city during the ships stay in this port.

مفتش بوليس المياه

المذكور بعاليه من طاقم السفينة المستديمين .

The above mentioned is a permanent member of my crew.

القبطان

VEB DEUTSCHE SEEREEDEREI

Rostock

MS „Warnow"

G.O., Govt. Printing Offices 5389 A, 1959-30,000 ex.

MS „Schwerin“

Ich wurde nun „Typ IV“-Fahrer und musterte am 3.9.1963 auf dem MS „Schwerin“ als Maschinenassistent an. Dieses war nun ein größeres Schiff mit über 50 Mann Besatzung, und es gab sogar einen Schiffsarzt. Von diesem Schiffstyp wurden über zehn Stück auf der Warnow-Werft Warnemünde-Rostock in Serie gebaut.

Einige Parameter:
Länge über alles: 157,6 Meter
Breite auf Spanten: 20,0 Meter
Tiefgang beladen: 9,7 Meter (Volldecker)
Höchstgeschwindigkeit: 16,5 Knoten
Deplacement: 18750 Tonnen (Volldecker)
Hauptmotoren: 4-Takt-Dieselmotoren, 4 Stück Typ 8 SV 66 Au

Ich machte auf diesem Schiff von Rostock aus zwei Reisen nach Kuba und Mexiko, wobei Ladehäfen auch Stettin und Antwerpen waren. Von Rostock nach Havanna brauchten wir etwa 16 Tage, solche langen Seereisen kannte ich ja vorher nicht. Ich war ausschließlich im See- und Hafenwachbetrieb eingesetzt. Die Hauptantriebsanlage mit den vier Motoren von jeweils 1800 PSe, und das auch noch mit Seewasserkühlung, war sehr störanfällig.

Im Seebetrieb fiel oft ein Hauptmotor aus, meistens mußte ein Kolben gezogen werden, und das war alles Handarbeit.

Nicht nur die Zylinderkopfmuttern mußten mit großem Schraubenschlüssel und Vorschlaghammer gelöst und festgezogen werden. Bei dem Krach, der Enge und Hitze sowie dem Schmutz kein Vergnügen. Dazu kam wegen der Dringlichkeit, daß ich oft zwei Stunden vor und zwei Stunden nach der Wache zusätzlich arbeiten mußte, also Arbeitszeit 16 Stunden. Oft kam auch noch der Seegang dazu, aber das machte mir nichts aus.

Auf diesem Schiff mußte alles mit Muskelkraft gemacht werden, so auch der Transport von Schmieröl in 200-Liter-Stahlfässern von Deck in den Maschinenraum. Am 24. Januar1964 kam es zu einem schweren Unfall. Ein Maschinenassistent bekam aus etwa drei Meter Höhe einen Kettenzug, der beim Transport dieser Fässer aushakte, auf den Kopf. Der Mann lag nun blutend und besinnungslos im Maschinenraum, in der Nähe des Fahrstandes. Der herbeigerufene Schiffsarzt war machtlos!

Wir waren in der Nähe der Azoren und liefen mit Volldampf die Insel San Miguel an und gingen bei Ponta Delgada vor Anker. In Portugal regierte Salazar, und da wir aus einem kommunistischen Land kamen, gab es einige Probleme, um unseren Schwerverletzten abzugeben, aber es klappte dann doch noch. Auf der Rückreise nahmen wir ihn wieder mit zurück, allerdings war sein an der Stirn gerissener Schädel versetzt zusammengewachsen, und er hatte, wie ich später erfuhr, ständig Probleme.

In Havanna lagen wir sehr lange, einmal waren es 18 Tage und davon zehn Tage auf Innenreede. Auf Innenreede wurde auch die gefährliche Ladung gelöscht; bei einer geplatzten grünen Kiste, die aus einer Netzbrok fiel, quollen Patronengurte für Maschinengewehre. Für uns waren das „Fahrradketten", denn daß wir Munition an Bord hatten, wußten nur Eingeweihte.

An der Santa Clara Pier wurde die normale Ladung gelöscht, ein Jammer, wie mit den angelandeten Waren umgegangen wurde, und vieles kam noch auf Freilager. Bei diesem Chaos im Hafen und der Schlamperei wußte wohl keiner, wo was gelagert wird.

Mit dem Landgang der Besatzung gab es keine Probleme, wir konnten solange an Land bleiben, wie wir wollten. Wir bekamen einen Landgangsschein und mußten einen Pflicht-Peso aufnehmen. Für diesen Inland-Peso bekam man etwa einen Drink „Cuba Libre", also Rum mit Cola. Das war vielfach nicht ausreichend, also wurden auch Zigaretten geschmuggelt, man bekam für eine Schachtel amerikanische Zigaretten etwa fünf bis sechs Peso, das war natürlich ein Geschäft, man mußte nur mit dem Zoll aufpassen.

In der Hafengegend gab es zahlreiche Bars, zwielichtige Gestalten und leichte Mädchen. Wenn wir genug Pesos hatten, gingen wir auch in das nur Ausländern vorbehaltene „Gran Hotel" mit entsprechend hohen Preisen.

In Havanna gab es eine große DSR-Vertretung unserer Reederei, diese organisierte auch einige Ausflüge für die Besatzung, und somit kamen wir auch in das Landesinnere von Kuba.

Da ich auch einige Bücher von Ernest Hemingway gelesen hatte, wollte ich sein Wohnhaus in Havanna sehen, und das war auch möglich. Neben seiner Villa war allerdings eine sehr große qualmende Müllhalde, und es stank entsetzlich.

Mein Bruder war einige Jahre später in Havanna DSR-Vertreter, meine Mutter fuhr zu ihm mit einem Schiff über den Atlantik und lebte einige Zeit auf Kuba.

Wir liefen unter anderem auch die kubanischen Häfen Matanzas und Nuavitas an.

Von Kuba aus ging es auf zum Hafen Coatzacoalcos am Istmo de Teehuantepec im Golf von Mexiko. Meine Vorstellungen von Mexiko waren abenteuerlich, und es gingen mir unter anderem die Azteken und Mayas im Kopf herum. Auch war die Geschichte für mich interessant, wie die Eroberung durch die Spanier, die Staatsgründung und auch die Revolutionäre wie Pancho Villa und Zapata. Von Mezcal, Tequila und Mariachi hatte ich auch schon gehört.

Die beeindruckenden Kirchen und Kathedralen und die tiefe Gläubigkeit der Mexikaner waren für mich als DDR-Bürger fast weltfremd.

Die Wirklichkeit in Mexiko sah natürlich anders aus. Unser Schiff wurde mit Schwefel in Bulk für Antwerpen beladen Die Menschen, die hier im Hafen lebten, insbesondere die Schauerleute, hatten durch den Schwefelstaub auch Augenkrankheiten, und bei Landgängen sah ich viel Armut. Meine Vorstellungen von den Indios mußte ich stark revidieren, denn die Tatsachen sahen anders aus, und von Romantik war keine Spur mehr bei mir vorhanden. Die Vernichtung der alten Kulturen war den spanischen Konquistadoren, unter dem Zeichen des Kreuzes, fast gelungen.

Auf den Pyramiden und Tempeln wurden Kirchen und Kathedralen errichtet!

MS „Schwerin“ vor Havanna (Autor in der Mitte)

Hinter den Reklameschildern war die Armut zu Hause.

Die mexikanischen Cowboys hatte ich mir auch andersvorgestellt.

Endlich verließen wir Coatzacoalcos und fuhren zu unserem Bestimmungshafen in Europa. Unser Schiff hatte keine Klimaanlage, das extrem warme Klima machte einem mächtig zu schaffen, und an Schlafen war manchmal in den Kabinen nicht zu denken. Die Atlantiküberquerung war um diese Jahreszeit auch nicht ohne. Ich hatte bei meiner Seefahrt schon einiges erlebt, aber ein Orkan mitten im Atlantik, das war schon etwas Besonderes, und am 14. März 1964 kamen wir in so einen hinein.

Nach meinen nicht immer erfreulichen Erlebnissen trafen wir am 7. April in Rostock ein, und es zog mich zu meiner Ursula, denn ich hatte mich wahrscheinlich verliebt, jedenfalls bildete ich mir das ein.

Am 16. Mai 1964 musterte ich von MS „Schwerin“ ab.

Das Leben schlägt zu

Ich hatte mich schon vor einiger Zeit für ein Studium an der Ingenieurschule für Schiffstechnik in Warnemünde beworben, ich wollte das C4-Seepatent erwerben.

Nun überschlugen sich die Ereignisse, ich mußte zur Vorbereitung des Studiums nach Rerik, Aufnahmeprüfung in Warnemünde und das große Ereignis, die Verlobung mit meinem „Fräulein“ Ursula Tiefenbach, einer Kindergärtnerin, am 17. Mai 1964.

Da bis zum Studium noch Zeit war, mußte ich noch auf ein Küstenmotorschiff, dem MS „Insel Riems“, meinen Dienst verrichten, das Schiff war nach Großbritannien im Einsatz.

Nun kam auch noch von Ursula eine mich umwerfende Mitteilung: „Du wirst Vater!“ Wir heirateten am 1. August 1964, und unsere Hochzeitsreise ging nach Elgersburg in Thüringen.

Am 7. September 1964 begann dann mein Studium in Warnemünde, und das mußte ich auch durch die eingetretenen Ereignisse unbedingt erfolgreich abschließen.

Uschi und ich wohnten noch bei unseren Eltern, das konnte kein dauerhafter Zustand sein, das ewige Hin-und-her-Pendeln von einer Wohnung zur anderen und unser sehr oft gestörtes Zusammensein brachten Probleme mit sich.

Aber ich hatte ja schon 1960 Vorsorge getroffen, indem ich der Arbeiter-Wohnungs-Genossenschaft „Neptun“ beitrat. Trotz meines niedrigen Gehalts bzw. Heuer zahlte ich ständig kleine Summen ein, hatte am 30. April 1965 fast 3000 DM erbracht und somit Anspruch auf eine Neubauwohnung. Wir bekamen eine Wohnung im Neubauviertel von Rostock in der Südstadt. Das war zu DDR-Zeiten der Wunsch und Traum vieler Leute.

Das große Ereignis hatte stattgefunden, ich wurde am 19.1.1965 stolzer Vater, unser Sohn Maik war geboren.

Die finanziellen Probleme, insbesondere das Einrichten unserer 2-Zimmer-Wohnung mit Küche, Bad und Balkon, meisterten wir beide auch ohne Unterstützung unserer Eltern, die konnten uns nicht finanziell helfen, aber wir waren ja auch nicht so anspruchsvoll.

Trotz dieser ganzen Ereignisse schaffte ich es doch, mein Studium am 6.

Juli 1965 glücklich zu beenden. Ich war nun Seemaschinist mit dem Patent I/C4.

Es begann für mich in der Seefahrt eine neue Zeit als Technischer Offizier.

MS „Recknitz“

Am 16. Juli 1965 wurde ich als III. Ingenieur für das MS „Recknitz“ gemustert und stieg im Hafen Wismar auf.

MS „Recknitz“ in der Bucht von Sitia, Griechenland

Das Schiff war auch eines dieser sogenannten Alttonnageschiffe, die von der DDR im kapitalistischen Ausland zur Vergrößerung der Handelsflotte gekauft wurden. Die Indienststellung bei der Deutschen Seereederei Rostock erfolgte 1962, und das Baujahr des Schiffes war 1953. Es handelte sich um einen Stückgutfrachter mit 3691 tdw, konventionellem Ladegeschirr, Hauptantriebsanlage Burmeister & Wain über 3000 PS mit Festpropeller.

Nun, frisch von der Seefahrtsschule und als Technischer Offizier war alles Neuland für mich, insbesondere mußte ich mir die Gewohnheiten des Mannschaftsdienstgrades abgewöhnen. Es war so üblich, daß man mit meinem Dienstgrad auch solche Arbeiten durchführen mußte, wozu die anderen Ingenieure keine Lust hatten.

Bis zum Auslaufen des Schiffes aus Wismar hatte ich noch etwa eine Woche Zeit, um mich mit dem gesamten Maschinen- und Schiffsbetrieb vertraut zu machen, eine gewaltige Aufgabe für mich. Ich wurde dann auch in die 08:00-12:00-Seewache eingeteilt und sollte nun als verantwortlicher

Ingenieur den Seewachbetrieb selbständig durchführen. Einen erfahrenen Maschinenassistenten hatte ich zur Seite, und der Chiefengineer kontrollierte mich ständig und gab mir Ratschläge.

Mitten in der Nacht am 23. Juli 1965 liefen wir aus Wismar aus. Ich durfte nun auch die ersten Maschinenmanöver fahren. Sämtliche Manöver wurden direkt am Fahrstand des Hauptmotors per Hand gefahren, ein Maschinentelegraf mit der Verbindung zur Brücke war in Griffnähe. Das war nun auch alles eine Gefühlssache, wie man mit über 3000 PS umgeht. Aber ich hatte damit keine Probleme, und der Chief war mit mir zufrieden.

Eine komplexe Automation, wie es heutzutage auf Schiffen üblich ist, gab es nicht, es mußte vieles von Hand geregelt werden. Ebenso gab es keinen Maschinenkontrollraum, alle notwendigen Meßdaten wurden visuell erfaßt und in das Maschinentagebuch eingetragen. Das traf auch für sämtliche Manöver mit dem Hauptmotor zu, ein Manöverschreiber war nicht vorhanden. Im Seewachbetrieb war man also acht Stunden lang dem enormen Maschinenlärm ausgesetzt.

Wir sollten einige westliche Kontinenthäfen zum Laden anlaufen, und da wir keine Genehmigung hatten, den Nord-Ostsee-Kanal zu passieren (harte Devisen waren in der DDR Mangelware), mußten wir über Skagen nun Dänemark umrunden. Wir liefen die Häfen Rotterdam und Antwerpen an und nahmen Ladung für mehrere Mittelmeerhäfen auf. Viel Zeit für einen Landgang hatte ich nicht, aber trotz der vielen Arbeit war das auch kein Problem. In Antwerpen war zum Einkaufen der Schiffshändler Van Hulle „Seeman's Bazar“ in der Napelstraat bei östlichen Seeleuten beliebt, und man wurde sogar mit einem Pkw von Bord abgeholt, wieder zurückgefahren und die Ware auch an Bord geliefert. Das war für „Hein Seemann“ nicht nur aus Zeitgründen ideal.

Der Umsatz dieses Schiffshändlers, der auch Proviant lieferte und Reparaturen vermittelte, war entsprechend hoch, zumal er einen Vertrag mit der Reederei hatte. Ich mußte nun endlich eine Jeans haben, und es reichte auch für eine bei DSR-Seeleuten als Privatuniform geltende „Antwerpen-Lederjacke“ sowie Khakihemden. Der Deutschlandgürtel, ein flexibler Metallgürtel mit der Deutschlandfahne (ohne Hammer und Sichel) in der Gürtelschnalle, gehörte mit zur Ausrüstung. Das Tragen dieses Gürtels wurde später von der Reederei, sprich SED, verboten.

Wir liefen in Richtung Mittelmeer aus und erreichten nach zehn Tagen

Piräus, wo wir etwa drei Tage lagen. Etwas Zeit hatte ich auch, um einen Stadtbummel zu machen, mir die Luxusyachten im Hafen anzusehen und die griechische Lebensart zu bewundern. Es war für mich wieder eine andere Welt. Am Abend ging es auf die Amüsiermeile, ähnlich der Hamburger Reeperbahn, mit Nachtbars und Striptease.

Wir liefen am 10. August 1965 mitten in der Nacht aus Piräus wieder aus. Es folgten die griechischen Häfen Volos (zwischen Piräus und Saloniki), hier lagen wir auch drei Tage, und dann Saloniki (Liegezeit nur einen halben Tag). Dann ging es durch die Dardanellen nach Istanbul (etwa zwei Tage). Istanbul war für mich ein Traum, und ich hatte auch Zeit, mir einige Sehenswürdigkeiten wie die Blaue Moschee, die Hagia Sophia, das Goldene Horn und den riesigen Bazar anzusehen.

Die Besichtigung der Hagia Sophia, dieses architektonischen Bauwerks aus dem 6. Jahrhundert nach Christus, hatte mich sehr beeindruckt. Diese Kuppelbasilika war die Hauptkirche des Byzantinischen Reiches und religiöser Mittelpunkt der Orthodoxie. Nach der Eroberung und Plünderung Konstantinopels durch die Osmanen wurde die Hagia Sophia ab 1453 radikal zu einer Moschee umgebaut und ist heute ein Museum. Der Glanz der Prachtbauten und der enorme Eindruck des Goldbazars, von dem man geblendet wird, täuschten mich nicht, um auch auf die täglichen Dinge des Lebens zu blicken. Die einfachen Menschen müssen auch hier sehr hart arbeiten, und es ist nicht alles Gold was glänzt.

Es ging nun weiter zum nächsten türkischen Hafen Iskenderun (Nähe syrische Nordgrenze), und dorthin brauchten wir über drei Seetage. Hier nahmen wir Ladung für Kontinenthäfen auf, und das dauerte etwa drei Tage.

Iskenderun ist keine Touristenstadt, aber schon wegen seiner Geschichte auch sehenswert. Von Alexander dem Großen 333 vor Christus gegründet, mit ständigem Besitzerwechsel von Armeniern, Templern bis zum Osmanischen Reich und dadurch auch Sehenswürdigkeiten. Die Ursprünglichkeit der Leute fällt auf, und der US-Luftwaffenstützpunkt ist nicht sehr zu bemerken.

Wir luden Expeller als Schüttgut. Die Ladung wurde mit Maultierfuhrwerken sowie mit Lkws herangefahren und mit eigenem Ladegeschirr geladen.

Bei Expeller handelt es sich um Preßrückstände aus Erdnuß- und Baumwollsaat für Kraftfutter als Mischfutterzusatz für Viehfutter. Bei hohem

Restölgehalt, hohem Faseranteil (insbesondere bei Baumwollexpeller) sowie bei Expellertemperaturen über 55 Grad Celsius, dunkler schwarzer Färbung und Feuchtigkeit besteht die Gefahr der Selbstentzündung. Auch bei unserer Reederei gab es schon erhebliche Probleme mit Schwelbränden, die bis zum Abblättern der Außenhautfarbe der Schiffe führten.

Eine Brandbekämpfung wird mit CO_2-Gas oder Intergas durchgeführt, wobei eigentlich nur die Entleerung der Laderäume eine Lösung ist.

Die von uns übernommene Expellerladung wurde in Zentnersäcken angeliefert und mußte von türkischen Schauerleuten im Laderaum ausgeschüttet werden, eine elende, staubige Drecksarbeit. Die Besatzung kontrollierte ständig die Expellertemperaturen und daß auch keine der ausgeschütteten Säcke im Laderaum zurückblieben, denn das bedeutete eine zusätzliche Gefahr für einen Schwelbrand.

Wir hatten eine CO_2-Löschanlage an Bord, bestehend aus diversen Flaschenbatterien, die zur Brandbekämpfung eingesetzt werden konnten. Die Einsatzbereitschaft dieser Anlage war Aufgabe der Maschinenbesatzung. Da CO_2 ein sehr gefährliches Gas ist, war das Betreten des CO_2-Raumes mit großer Sorgfalt vorzunehmen, denn durch Vibration und auch durch Seegang konnten Leckagen an der Anlage entstehen. Es hatte schon bei der Reederei tödliche Unfälle und Verletzte gegeben.

Nun war endlich die mühsame Ladeaktion abgeschlossen, und wir fuhren (etwa einen Tag) zum nächsten türkischen Hafen, nach Mersin, wo wir am 22. August 1965 ankamen.

Die Hafenstadt Mersin liegt etwa in der Mitte der östlichen Mittelmeerküste, ist Hauptstadt der Provinz Icel, wird stark von Touristen frequentiert und ist eine sehenswerte typisch türkische Stadt. Von hier aus gibt es Fährverbindungen zu einigen Mittelmeerhäfen und für Ausflugstouren in das Landesinnere, wie nach Silifka, Viransehir, Koryks, Kanlidivane u. a., ist diese Stadt ideal.

Wir lagen hier etwa vier Tage und luden hier auch Expeller unter ähnlich mühsamen Bedingungen wie in Iskenderun. Auch hier hatte ich Zeit für Landgänge, und ich mochte so langsam die türkischen Verhältnisse, insbesondere abseits des Touristenrummels, wobei ich mich auch für die türkische Küche begeistern konnte. Trotz meiner ständigen prekären Devisenlage leistete ich mir auch einige landestypische Gerichte, wobei die zahlreichen Fischrestaurants in der Nähe des Fischmarktes empfehlenswert sind.

Nun war auch diese Ladeaktion beendet, und wir liefen am 25. August 1965 um 20:00 Uhr aus Mersin in Richtung Nordeuropa aus. Es gab immer zeitliche Orientierungspunkte, wie:

1. September 04:00 Uhr Gibraltar, 19:30 Uhr Cap Vicente
3. September 08:00 Uhr Cap Finisterre
4. September 10:00 Uhr Quessant
5. September 08:00 Uhr Dover

Am 7. September 1965 erreichten wir unseren ersten Löschhafen Bremen, dann Göteborg, Helsingborg, Malmö, und am 17. September liefen wir von Arhus aus und waren am 18. September, nach zwei Monaten, wieder in Wismar.

Ich bekam nun vier Tage frei und konnte endlich wieder zu meiner Familie. Der Abschied fiel mir verdammt schwer, aber man muß nicht nur in diesem Beruf damit leben können und auch eine Frau haben, die das alles mitmacht.

Die neue Reise begann am 24. September mit kurzem Aufenthalt in Rostock zur Bebunkerung des Schiffes. Dann ging es dieses Mal durch den Nord-Ostsee-Kanal nach Rotterdam und Antwerpen, um Ladung zu übernehmen.

Unser Reiseziel war das Mittelmeer, und am 9. Oktober waren wir wieder für drei Tage in Piräus. Nun hatte ich die Chance, nach Athen zu fahren und die Akropolis zu sehen. Von Piräus aus war das kein Problem, denn es fuhr direkt eine Schnellbahn mit einer Haltestelle in der Nähe der Akropolis. Ich hatte mich schon oft mit der griechischen Geschichte und Mythologie beschäftigt, war somit etwas vorbereitet, und ein guter Reiseführer war mit von der Partie. Die Besichtigung der Akropolis und des Museums (Originale gibt es nur dort zu sehen) war für mich ein umwerfendes Erlebnis. Das Gedränge der Touristen mußte man ertragen, aber dafür konnte man sich in der Plaka, dem Kern der Altstadt, in einem der vielen griechischen Restaurants erholen.

Am 10. Oktober liefen wir aus Piräus wieder aus. Wir fuhren nach Saloniki, Istanbul und dann nach unserem „sozialistischen Bruderland“, also Burgas in Bulgarien, wo wir fast sechs Tage auf Reede unnütz umherlagen.

Drei Tage waren wir in dieser Hafenstadt, und hier konnten wir auch unsere DDR-Mark in die Landeswährung „Lewa“ offiziell, aber begrenzt umtauschen. Aus finanzieller Sicht gab es also keine Probleme, und das wurde dann auch weidlich zum Besuch der Restaurants ausgenutzt. Bulgarien war eines der sozialistischen Länder, wo der DDR-Bürger noch nach dem Mauerbau hinreisen durfte und sich mit seinen westdeutschen Verwandten und Bekannten treffen konnte. Es wurde aber von den Bulgaren sehr zwischen Ost und West unterschieden, schon alleine wegen der harten Währung. Als genauer Beobachter konnte man sehen, daß in einigen Restaurants und Hotels auf den Tischen die Flagge der BRD und auf anderen die Flagge der DDR stand. Nicht nur als Seemann konnte man sich darüber wundern.

Nun, wir verließen diesen gastlichen sozialistischen Hafen und fuhren zum nächsten „sozialistischen Bruderland“, nach Constanza in Rumänien. Der Aufenthalt war hier auch nur, mit Anker auf Reede, drei Tage, und das reichte auch. Den Sozialismus hatte ich ja in der DDR ausreichend.

Es ging nun wieder vier Tage zum Laden von Expeller nach Izmir in die Türkei, und das war wieder eine andere Welt. Die Hafenstadt Izmir (Smyrna) wurde 1000 Jahre vor Christus gegründet, mit wechselhafter und kriegerischer Geschichte. Als drittgrößte Stadt der Türkei ist sie stark von Touristen besucht, und das nicht nur wegen der Sehenswürdigkeiten, sondern auch als Ausgangspunkt zu Erkundungen und Reisen ins Umland.

Von hier nach Ephesus und Pergamon sind es keine Entfernungen.

Wir machten eine von der Reederei bezahlte Exkursion nach Ephesus, der antiken Ausgrabungsstadt, ein Höhepunkt für Türkeireisende.

Dafür war ein ganzer Tag vorgesehen, den braucht man unbedingt, dann war man auch über die antike Geschichte rundherum ausreichend informiert.

Ephesus war eine antike Hafenstadt an der kleinasiatischen Küste, und die Griechen sollen hier schon im zehnten Jahrhundert gelebt haben. Die Geschichte von Ephesus ist gezeichnet von Kriegen und Zerstörung. Wir besichtigten auch Reste des Hadrian-Tempels und die berühmte Celsus-Bibliothek. Auf der Rückreise sahen wir auch vieles von dieser eintönigen Landschaft, hatten Begegnungen mit der freundlichen türkischen Bevölkerung, die hier auch nicht auf Rosen gebettet ist.

Wir verließen nun Izmir, diese gastfreundliche und interessante Stadt, und es ging nach Kalamata in Griechenland. Wir luden hier größere Mengen an Trockenfrüchten, Rosinen, Korinthen etc. in größeren Pappkartons, eine sensible Ladung. Leider blieben wir in diesem herrlichen kleinen Städtchen nur einen Tag.

Am 6. November ging es nun auf Heimreise, und am 14. November 1965 erreichten wir Antwerpen (drei Tage), und es ging weiter nach Rotterdam, Bremen und Hamburg. Endlich waren wir am 24. November wieder in unserer Heimat in Wismar. Nach einigen Tagen bekam ich Urlaub und konnte auch Weihnachten bei meiner Familie verbringen.

Auch der schönste Urlaub geht einmal zu Ende, und es ging wieder mit dem MS „Recknitz" am 11. März 1966, also meinem Geburtstag, auf Mittelmeerreise. Zuerst aber die Ladehäfen Rotterdam und Antwerpen, von dort fuhren wir am 18. März nach Alexandria und kamen am 28. März in Ägypten an. Ich war ja schon in Marokko gewesen, aber diese Araber waren von anderer Mentalität, ein ganz anderer Menschenschlag, vor der Aufdringlichkeit konnte man sich manchmal kaum retten.

Unser Schiff wurde von fliegenden Händlern überfallen, und es war ein Feilschen mit dem üblichen Touristenkitsch. Wer an Bord arbeitete und wer überhaupt an Bord war, konnte nicht ausgemacht werden. Das Gewimmel war nicht zu übersehen, und damit war auch nicht die Sicherheit gewährleistet. Der arabische Wachposten an der Gangway war zwar bewaffnet, aber in der Pistole waren keine Patronen, und außerdem hat ihn alles nicht interessiert. Wenn ich Freizeit hatte, das war fast immer am späten Nachmittag, ging es in das abenteuerliche Getümmel an Land.

Dieses Alexandria ist eine enorm geschäftige Stadt, und wo wir manchmal hinkamen, da war kein Tourist zu sehen. Ich wurde in den Treffpunkt für Deutsche eingeführt, das war die bekannte „Spitfire Bar". Hier trafen sich auch Seeleute aus Ost- und Westdeutschland. Es wurde manchmal kräftig gefeiert, denn hier gab es deutsches Bier, alle Sorten alkoholische Getränke, und arabische Frauen saßen hier auch herum. Wir waren ja hier in einem arabischen Land, aber die Ägypter sahen das nicht so verbissen.

Nachdem am 26. Juli 1952 König Faruk abdanken mußte und Oberstleutnant Gamal Abdel Nasser Präsident der Republik Ägypten wurde, gab es nicht nur mit Israel einige kriegerische Auseinandersetzungen. Die ägyptische Bevölkerung hatte erhebliche Leiden hinnehmen müssen, die Armee hatte kläglich versagt, und nun kam insbesondere die Sowjetunion zum Zuge. Es wurde mit deren Hilfe wieder aufgerüstet, also russische Panzer, Kalaschnikows, Aufbau der kläglichen Kriegsflotte etc. und Militärberater.

Auch die DDR wollte nun mitmischen, und es kam im Januar 1959 zur Aufnahme von Konsularbeziehungen, denn was Nasser in Ägypten durchzog, war für die DDR der sozialistische Weg.

A.C.P. Form No. 437

تذكرة بالنزول من الباخرة لموظفيها
بميناء الاسكندرية

Shore Leave Pass

الاسم
Name Stielow, Peter
العمر — الجنسية
Nationality German Age 11.[illegible].43
Function III. Eng. الوظيفة
جنسيتها — اسم الباخرة
S/S Recknitz Flag German
اسم الشركة التابع لها
Company Seereederei Rostock
أوراق اثبات الشخصية
Document 610/60

Date 28.3.1966
Master Of Ship Inspector
Alexandria (City port) Police

Landgangspaß in Alexandria

Ich hatte mich sehr wohl mit dem alten Ägypten beschäftigt, und auch die neuere Geschichte sah ich nicht nur mit den Augen der DDR-Presse, denn wir hatten ja auch die Möglichkeit, uns westlich zu orientieren.

In Alexandria nun lagen wir auch mit Raketen- und Torpedobooten russischer Bauart zusammen, die auch die Volksmarine der DDR hatte. Ein Raketenschnellboot lag bei uns längsseits und bekam von uns Bordstrom, das sei hier normal, sagte man mir. Nun, ein Pulverfaß neben sich zu haben, war für mich nicht normal.

Eines Morgens kam zu uns ein ägyptischer Marineoffizier von „nebenan“ mit einer stark beschädigten Rohrleitung und fragte, ob wir ihm das reparieren könnten. Ich bekam vom Chiefengineer grünes Licht und schweißte die russische Rohrleitung mit deutscher Handwerkskunst. Ich kam mit dem Marineoffizier ins Gespräch, er sprach sogar Deutsch. Er erzählte mir, er habe in der DDR studiert, nun, das konnte ja nur bei der Volksmarine gewesen sein. Ich sagte ihm, er solle schnell die Rohrleitung (für mich war es eine Kühlwasserleitung der Hauptmotoren) wieder einbauen und die Gefechtsbereitschaft des Raketenschnellbootes wiederherstellen. Es traf mich ein ungläubiger arabischer Blick, so ungefähr wie: „Woher kann der das wissen?" Nach Stunden erdröhnten auf dem Schnellboot die Hauptmotoren, der Marineoffizier erschien und gab mir durch Daumenzeichen zu erkennen, es war alles okay. Ich hatte nun einen sehr großen Anteil an der Gefechtsbereitschaft der ägyptischen Kriegsflotte geleistet, und alles klopfte mir auf die Schultern. Am nächsten Tag erschien dieser nette Marineoffizier, und sein Adjutant schleppte einen großen Bastkorb mit gebratenen Chicken, Soßen und Fladenbrot. Er bedankte sich herzlich, wir waren alle sehr überrascht, und es schmeckte vorzüglich.

Wenn in Alexandria im Morgengrauen der Ruf des Muezzins erschallte und die Muslime ihr Morgengebet verrichtet hatten, erschienen spät nach 08:00 Uhr so langsam die geschniegelten Marineoffiziere in schicker weißer Uniform. Auf den in unserer Nähe liegenden Kriegsschiffen erfolgte so etwas ähnliches wie ein Morgenappell. Auf dem bei uns längsseits liegenden Raketenschnellboot trat die Besatzung mit unterschiedlichen Uniformteilen, mit und ohne Schuhe, manchmal Kopfbedeckung und in laxer Haltung an. Es war ein jämmerlicher Anblick. Es erfolgte nun so etwas ähnliches wie Gefechtsalarm, und auch die automatische Flak auf der Back wurde erprobt; sie funktionierte nicht. Nach einer Weile erschien ein unauffällig gekleideter „Weißer", offensichtlich ein Russe, und nach kurzer Zeit war die Flak wieder klar zum Gefecht.

Wir lagen in einem stark verschmutzten Hafenbecken, und oft mußten wir die Seewasserfilter vom Hafendreck reinigen, unsere Seekühlwasserpumpen rissen ab, da die Kühlwasserpumpen nicht mehr die notwendigen Mengen brachten.

Insbesondere in der Dunkelheit fuhren kleine Barkassen der Marine im Hafenbecken umher und warfen Sprengladungen in das Wasser, man hatte Angst vor israelischen Froschmännern. Das Dröhnen durch den Schall sorgte in unserem Schiff für keinen geruhsamen Schlaf. Im Hafenbecken gab es dadurch auch keine Fische, die hätten bei dieser Verschmutzung des Wassers nicht überlebt.

Unser Reedereivertreter organisierte für uns eine Reisetour nach Kairo, mit einer kleinen finanziellen Selbstbeteiligung. Wir fuhren mit größeren klapprigen Pkws auf einer mit Schlaglöchern übersäten Überlandstraße, die Straße am Suezkanal nach Kairo war gesperrt. Das war schon ein abenteuerliches Unterfangen, denn Straßenverkehrsregeln gab es hier augenscheinlich nicht. Unser arabischer Fahrer kurvte zwischen Kamelkarren, sonstigen eigenartigen Fahrzeugen, Straßenhändlern und kleineren unübersichtlichen Ortschaften hindurch, alles mit „Wer hupt, hat Vorfahrt" und „So Gott will (Inschallah)". Wir erreichten nun glücklich und durchgeschwitzt Kairo und hielten in der Nähe des Ägyptischen Museums, es stürzte sich eine große Menge dieser Kitsch verkaufenden Straßenhändler auf uns. Nachdem wir uns in das Museum gerettet hatten, empfing uns endlich eine erhabene Ruhe und der mich tief beeindruckende Rundgang durch die Kunst der Pharaonenreiche. Hier mußte man Zeit mitbringen und sich auch mit der Geschichte etwas auskennen, sonst ist diese gewaltige Ausstellung nicht zu erfassen. Wir hatten auch etwas Glück und konnten uns auch die berühmte Tutenchamun-Ausstellung ansehen.

Es ging nun weiter, und wir besichtigten die große Alabastermoschee, dann in das Gedränge des riesigen Bazars mit den für Europäer ungewohnten orientalischen Gepflogenheiten. Nun war es schon spät am Abend, und die abenteuerliche Rückfahrt über mehrere Stunden brachte uns dann doch wieder glücklich zurück an Bord.

Ich brachte es nicht übers Herz und tauschte – schacherte – nun doch noch mit Ali Achmed. Nun war ich im Besitz einer Kamelleder-Reisetasche (bei Seeleuten „Alex-Tasche"), eines nicht ganz ordentlichen Sitzkissens, eines Kamelhocker und einer Bronzebüste der Nofretete. Meine Uschi liebte aber keinen Kitsch, und es sollte eine Überraschung sein.

Nach acht Tagen Liegezeit verließen wir am 4. April diesen erlebnisreichen Hafen, es ging wieder nach Saloniki und Istanbul, und am Ostermontag lagen wir dann auf Reede vor Piräus. Das sah hier aber nicht gut aus, eine Vielzahl von Schiffen lag hier vor Anker, und wir mußten mit einer längeren Wartezeit rechnen. Das Ankern vor Piräus am Golf von Athen (Saronikos

Kolpos) ist nicht nur wegen der Vielzahl der Schiffe, die oft die Ankerposition änderten (schweuten), gefährlich, sondern auch der Ankergrund und plötzlich auftretende Winde können für die Schiffe ein Problem werden.

In der Sommerzeit meistens kein Problem, aber wir mußten oft wieder „Anker auf" und Liegeplatz wechseln, die Maschine war vielfach auf „Stand-by", und das war für alle Beteiligten mit Streß verbunden. Nach etwa neun Tagen hatte das Elend ein Ende, und wir liefen in den Hafen ein.

Ich kannte mich nun etwas in Piräus aus, und in der Umgebung des Yachthafens, wo auch die „Schönen und Reichen" mit ihren Luxusyachten lagen, gab es zahlreiche Restaurants, kleine Straßenkneipen und auch die Amüsiermeile. Das war für „Hein Seemann" natürlich ein Anziehungspunkt, und wir zogen auch in die Nachtbar „John Bull", man wurde hier nicht so abgezockt, und dort war auch normaler Striptease zu bewundern.

Nach vier Tagen Hafenliegezeit ging es dann weiter nach Izmir, unserem Ladehafen.

Am 24. April 1966 kamen wir in dem mir bekannten Hafen an und luden wieder Expeller für die Kontinenthäfen. Wir blieben hier etwa vier Tage und hatten dadurch Zeit, eine Reisetour nach Bergama, dem Standort des Pergamon-Tempels, zu unternehmen.

Die Stadt liegt in der westlichen Türkei, etwa 110 Kilometer nördlich von Izmir, also eine schöne Tour mit einem kleinen Reisebus und der üblichen türkischen Fahrkunst unseres Drivers.

Der Besuch der von vielen Touristen heimgesuchten Stadt Bergama und der 330 Meter hohe Burgberg, also die Akropolis, ist mit Streß verbunden und für erwartungsvolle Besucher wohl enttäuschend. Wer das vermeiden möchte, sollte sich lieber den Original-Pergamon-Altar in Berlin, der dort 1902 in das Museum kam, ansehen.

Seit 1345 gehörte das Gebiet um Bergama zum Osmanischen Reich. Der Sultan hatte kein Interesse an diesen antiken Reichtümern, und so wurde leider alles zum Steinbruch. Zu bewundern sind noch Reste des Römischen Theaters und die Marmorsäulen des Trajaneums. Etwa in der Mitte des 19. Jahrhunderts entdeckte Carl Humann Pergamon, und noch heute sind deutsche Archäologen mit den Ausgrabungen beschäftigt. In der Umgebung von Bergama gibt es noch eine Ansammlung antiker Bauwerke, wobei die in Asklepieion sehenswert sind. Für mich war das eine interessante Reise, da ich ja schon den Pergamon-Altar in Ost-Berlin gesehen hatte.

Der Kampf um Pergamon

Pergamon – der kühle Trunk aus dem Burgbrunnen

Nun ging es wieder auf Reise zu den Häfen auf dem Peleponnes in Griechenland, also nach Kymassi, dem schönen Kalamata, Patras, der viertgrößten Stadt Griechenlands, am Golf von Patraikos und nach Aigon am Korinthiakos Kolpos. Wir luden in diesen Häfen überwiegend Trockenfrüchte und auch Wein. Leider waren für uns die Hafenliegezeiten sehr kurz, und die Arbeit ließ einem fast keine Zeit für einen Landgang.

Am 6. Mai ging es dann auf „Heimreise" und für mich erfreulicherweise nach London, wo wir am 15. Mai ankamen.

Es ließ sich mit meinem Dienst vereinbaren, daß ich einen Tag frei bekam und zu einer Tour durch London starten konnte. Ich hatte so meine Vorstellungen, was ein „Normaltourist" in der Kürze der Zeit alles sehen müßte.

Meine Devisen waren wie immer sehr knapp, deshalb hieß es zu Fuß laufen, und mit der U-Bahn erreichte man viele Sehenswürdigkeiten, auch der Reiseführer für 5 Shilling reichte für meine Ansprüche.

Also, das Programm lautete: Madame Tussauds Wachsfigurenkabinett, Tower Bridge, Tower of London, Buckingham Palace, Hyde Park (Kensington Gardens), Trafalgar Square, Westminster Cathedral, natürlich das alte Scotland Yard und der Piccadilly Circus.

Spät am Abend war ich wieder überglücklich und total fertig zurück an Bord. Wir lagen in London über vier Tage, am 20. Mai ging es weiter nach Rotterdam, und dort waren wir auch drei Tage.

In Rotterdam lagen wir meistens im Waalhaven, und in die Stadt zu kommen, ich kannte mich ja nun schon etwas aus, war auch kein Problem. Man konnte in das Seemannsheim „Stella Maris“ in der Willemskade 13 oder auch in das „Deutsche Seemannsheim“ in der Westzeedijk 94 gehen, dort gab es eine Vielzahl von Unterhaltungsmöglichkeiten. In der Nähe des Waalhavens gab es eine typisch holländische Kneipe, den sogenannten Felskeller, hier trafen sich die deutschen Seeleute aus Ost und West, es gab hier interessante Begegnungen und Gespräche.

Am 25. Mai ging es noch für einen Tag nach Hull an der schottischen Ostküste, ein Versorgungshafen für die Ölplattformen in der Nordsee, mit einfachen Pubs und vielen Pkws mit drei Rädern, die Stoff für Schottenwitze lieferten.

Am 28. Mai 1966 waren wir über Skagen im Rostocker Überseehafen in der „Heimat“ angelangt. Ich bekam einige Tage frei und konnte endlich wieder zu meiner Familie.

Die Freude dauerte aber nicht lange; nachdem wir von Rostock verholt hatten, liefen wir von Wismar am 6. Juni zu einer neuen Reise aus.

Es ging durch den Nord-Ostsee-Kanal. Diese Passage war stets mit ständiger Manöverbereitschaft verbunden, das heißt, der Fahrstand des Hauptmotors und der Maschinenraum waren mit der jeweiligen Wache besetzt. Vor der Schleuse Kiel-Holtenau kam der Lotse an Bord, von Wismar bis zum Lotsen brauchten wir etwa vier Stunden, und am 7. Juni um 05:30 Uhr waren wir in der Schleuse fest. Nun begann die Kanalfahrt, und das war gerade im Sommer ein schönes Erlebnis. Für die Passage müssen natürlich etliche Voraussetzungen an Besatzung und Schiff erfüllt sein. Es ist natürlich ein Alptraum, wenn die Antriebs- und Steuerorgane eines Schiffes ausfallen oder es durch Mißverständnisse zu einer Kollision kommt. Die Kanalgeschichte kennt eine Vielzahl solcher Ereignisse.

Ein besonderes Erlebnis ist die Durchfahrt von Brücken, die den Kanal überqueren, und es hat manchmal den Anschein, daß die Mastspitzen die Brücken beschädigen. Aber das wird im Vorfeld abgeklärt und auch durch seemännische Sorgfaltspflicht ausgeschlossen. Daß das aber nicht immer so ist, hat ein Starschiff der DSR, auf dem nur ausgewählte Genossen fahren durften, bewiesen. Eine Brücke wurde mit den Mastspitzen beschädigt, in Schleswig-Holstein fiel zwar nicht die gesamte Stromversorgung aus, aber es gab etliche Probleme. Dieser Vorfall schlug erhebliche Wellen, und für das Renommee der DSR war das gar nicht gut.

Nach etwa acht Stunden Kanalfahrt waren wir dann in der Schleuse Brunsbüttel-Koog, und um 17:15 Uhr ging der Lotse von Bord. Es begann die kurze Seereise nach Rotterdam, wo wir am 8. Juni um 12:00 Uhr fest an der Pier waren, und der Streß hatte erst einmal ein Ende.

In Rotterdam waren wir zwei Tage, dann ging es nach Antwerpen für einen Tag, die Revierfahrten auf der Schelde mit über acht Stunden und den Schleusen waren auch kein Vergnügen.

Am 12. Juni liefen wir nach kurzer Seereise um 23:00 Uhr Le Havre an. Diese zweitgrößte Hafenstadt Frankreichs, in der Normandie an der Mündung der Seine, ist sehenswert, aber der Zweite Weltkrieg hat durch die deutsche Besetzung der Bevölkerung und der Stadt übel mitgespielt. Als Garnisonsstadt mit 40.000 Mann der Besatzungsmacht, Ausbau als Festung im Zusammenhang mit dem Atlantikwall, wurde die Stadt sehr oft bombardiert. Es ist eine neu aufgebaute Stadt mit einem großen Yachthafen und internationalem Flair. Nach einem Tag ging es dann am 13. Juni auf Mittelmeerreise, und der normale Bordbetrieb begann wieder.

Am 22. Juni um 02:30 Uhr gingen wir auf der Reede von Piräus vor Anker, am nächsten Tag ging es um 08:30 Uhr in den Hafen, und wir lagen hier fast sechs Tage. Also einige Zeit, um notwendige Instandhaltungsmaßnahmen am Schiff vorzunehmen und auch privat etwas zu unternehmen. Über unsere Agentur wurde eine Reisetour nach Delphi, dem Höhepunkt einer Griechenlandreise, organisiert. Diese Ausgrabungsstätte reicht weit in das 2. Jahrtausend vor Christus zurück, war ein Heiligtum der Antike und das Orakel der Priesterin Pythia, und Deutungen durch die Priester gingen hinein bis in die Politik. Diese Tagestour war auch verbunden mit dem Besuch des Museums, des Apollon-Tempels und der Agora. Auch die Hin- und Rückfahrt durch Zentralgriechenland und das Parnaß-Gebirge war ein Erlebnis.

Nun ließen wir am 29. Juni Piräus wieder hinter uns, und es ging nach Albanien, in die „beliebte“ Hafenstadt Durres. Dort lagen wir vom 30. Juni bis zum 8. Juli, und seit meinem letzten Besuch vor etwa zwei Jahren hatte sich hier augenscheinlich nicht viel verändert. Wir durften sogar zu einem herrlichen Badestrand am Meer, zwar in Gruppen und mit albanischen „Aufsichtspersonal“, aber das tat der Abwechslung keinen Abbruch.

Am 10. Juli waren wir für zwei Tage wieder in Saloniki, dann ging es weiter in die Türkei nach Istanbul und Tekirdag im Marmarameer. Zurück durch die Dardanellen nach unserem Ladehafen Kalyvia in Griechenland auf dem Peleponnes, für fünf Tage, und am 23. Juli in Izmir zum Expeller laden.

Am 25. Juli 1966 ging es auf „Heimreise", unsere Löschhäfen waren Rotterdam, Hamburg, Flensburg, und am 14. August waren wir wieder in Wismar.

Für mich gab es eine erfreuliche dienstliche Veränderung, ich wurde am 19.8.1966 zum 2. Ingenieur befördert.

Ich bekam nun zwei Tage Urlaub für meine Familie.

Vor einiger Zeit hatte ich bei meiner Reederei einen Antrag auf „Mitreise der Ehefrau" gestellt. Dieser Antrag ging nun seinen Weg durch sämtliche DDR-Behörden, obenan natürlich die Staatssicherheit, einschließlich der Arbeitsstelle meiner Ursula, Abschnittsbevollmächtigter der Volkspolizei und Blockwart unseres Wohnblocks (so hieß das bei den Nazis, und in der DDR war das ein Hilfspolizist) sowie Befragungen der Staatssicherheit in unserem Wohnhaus.

Auf meinem Schiff wurde natürlich der Kapitän befragt, ob ich würdig sei, meine Ehefrau mitzunehmen; der hatte nichts dagegen und die Kaderleitung auch nicht. Meine Ehefrau wurde für „würdig" erachtet, in das kapitalistische Ausland zu reisen. Außerdem mußte unser Sohn in der DDR bleiben und war somit „Faustpfand", daß wir keine „Republikflucht" begehen, denn welche Eltern würden schon ihr Kind im Stich lassen? Unser Kind hätten wir nie wiedergesehen, dafür hätte die Staatssicherheit gesorgt.

Für uns stand nicht nur die Unterbringung zur Debatte, sondern können wir das unserem eineinhalbjährigen Sohn zumuten, über zwei Monate ohne Eltern zu sein? Wir entschlossen uns doch für die Mitreise, denn wann bekommt man in der DDR so eine Chance, und wer weiß, wie die politische Situation überhaupt noch wird? Also blieb unser Sohn bei Oma und Opa Tiefenbach, und diese freuten sich natürlich, wobei es aber etwas viel verlangt war.

Alle Reisevorbereitungen waren abgeschlossen, und es ging an Bord des Schiffes, welches in Wismar lag. Der Auslauftag war der 20. August, und Ursula bekam nun einmal mit, welches Theater die Behörden beim Auslaufen aus einem DDR-Hafen veranstalteten. Sämtliche Besatzungsmitglieder mußten sich in der Mannschaftsmesse versammeln, dort wurde mit den Pässen/Seefahrtsbüchern eine „Gesichtskontrolle" durchgeführt. Der Zoll und die Ausreisebehörden durchsuchten das gesamte Schiff, einschließlich der Wohnbereiche, es könnten ja „Republikflüchtige“ an Bord sein. Einzelne Besatzungsmitglieder mußten mit den Behörden in ihre Wohnkammern, und es wurde bis hinein in die Brieftasche alles kontrolliert. Bei mitreisenden Ehefrauen waren die Kontrollen am schärfsten. Ich hatte Ursula eingetrichtert, sich nicht über Schikanen aufzuregen, es hätte nur Ärger eingebracht.

Wir hätten ja unseren Sohn schmuggeln können, so wurden besonders auch Schränke und Backskisten (Sofas) in meiner Kammer zerlegt. Es wurde auch danach gesucht, ob ich Devisen schmuggle, denn mitreisende Ehefrauen bekamen für die Reise keine Devisen! Für die Mitreise mußten Ehefrauen nur das Verpflegungsgeld für die Reise zahlen, und das war hinzunehmen.

Der Lotse war nun an Bord, am späten Nachmittag liefen wir endlich in Richtung Nord-Ostsee-Kanal aus und waren vor Mitternacht in der Schleuse Kiel-Holtenau. Wir hatten einen neuen Kapitän, irgendwie kam mir dieser Mann bekannt vor. Jemand sagte mir, der ist vom Musikdampfer, von der GTMS „Fritz Heckert“, und ich meinte: „Na, wenn das man gutgeht!“

Diese Reise ging nun wieder zu den Häfen Rotterdam und Antwerpen. Ich zeigte nun meiner Frau „die andere Welt“, und auf jemanden, der nie „diese Welt“ in der Wirklichkeit gesehen hatte, kamen umwerfende Erkenntnisse zu und mußten auch verarbeitet werden. Ich hatte ja schon viel erzählt, aber wenn man selbst Eindrücke sammelt, ist das eine andere Geschichte. Jedenfalls, vom „sterbenden Kapitalismus“, der ihr ständig in ihrem Kindergarten in den politischen Schulungen eingeimpft wurde, konnte sie nichts entdecken, wobei wir das in der DDR verbotene „Westfernsehen“ schon zur Meinungsbildung herangezogen hatten und viele Dinge realistisch sahen, aber mit Meinungsäußerungen mußte man in der DDR sehr vorsichtig sein. Bei regimekritischen Äußerungen, selbst bei Witzen, war mit Berufsverbot, bei mir Einzug des Seefahrtsbuches, zu rechnen, und das standen viele nicht durch, weil es das „AUS“ für sich selbst und die Familie bedeutete.

Wir waren in der Zeit vom 2. August bis 5. August, also vier Tage, in Rotterdam und Antwerpen. Es war zwar nicht viel Zeit, aber ich konnte Uschi von beiden sehr interessanten Städten einiges zeigen, und die Geschäfte und Kaufhäuser waren für sie natürlich das Schönste. Ich hatte viel Geduld, aber es hatte auch alles seinen Preis, und für uns als DDR-Bürger war es meistens unerschwinglich.

Es ging nun in Richtung unserer avisierten Mittelmeerhäfen, und auch die berüchtigte Biskaya überstand Uschi so leidlich. Ich brachte ihr meistens das Essen an die Koje, dafür wurde ich von der Besatzung dann auch ausgiebig gehänselt, aber der Kampf mit der Seekrankheit ist nicht so einfach.

Am 30. August um 08:00 Uhr passierten wir Gibraltar, das Mittelmeer empfing uns freundlich, und die blasse Ursula konnte sich endlich sonnen.

Nach den stressigen Kontinenthäfen und dem Beginn des normalen Seebetriebes wurden dann immer die obligatorischen Versammlungen und politischen Schulungen durchgeführt. Dafür war natürlich der Kapitän verantwortlich, und dieser bekam von der „Nautischen Inspektion" den von der SED-Führung der Deutschen Seereederei abgesegneten Reiseauftrag.

An erster Stelle stand natürlich die politische Gehirnwäsche der Besatzung, denn wir waren ja ständig den Einflüssen des Kapitalismus ausgesetzt, und das war ja nun auch die Hauptaufgabe der an Bord befindlichen SED-Grundorganisation. Die SED-Landfunktionäre achteten sehr genau darauf, daß es an Bord ausreichend Parteigenossen gab, wobei der Kapitän sowieso Mitglied der SED war bzw. sein mußte. Ich als Parteiloser mußte nur an den Versammlungen von FDJ, FDGB und DSF (Deutsch-Sowjetische Freundschaft) und natürlich an den Maschinenversammlungen und den Offiziersversammlungen teilnehmen. Nicht nur für mich gab es dann nur die Durchgangsschaltung, es wäre sonst nicht zu ertragen gewesen.

Unser Kapitän aus der Passagierschiffahrt machte seine erste Reise auf einem Frachtschiff und auch seine erste Reise als Kapitän.

Das war für ihn auf so einem älteren Schiff, mit einer eingespielten Besatzung, die mit ihrem alten Kapitän die besten Erfahrungen gemacht hatte, nicht so einfach. Er war ein älterer, weit über 50 Jahre, Tag und Nacht seine Kapitänsuniform tragender und unangenehm nach außen sehr resolut auftretender Mann von kräftiger Statur. An der Brust seiner Uniformjacke trug er eine üppige Ordensspange, die üblich in der Volksmarine war, und dort kam er auch her. Diese Ordensspange war in der Handelsschiffahrt nicht üblich und besonders im kapitalistischen Ausland nicht angebracht.

Sofort nach Beginn des normalen Seebetriebes setzte der Kapitän eine Offiziersversammlung an, der Hauptpunkt der Tagesordnung war die Durchsetzung der Uniformordnung der Deutschen Seereederei Rostock. Als Offizier der Handelsmarine der DDR muß jeder durch das Tragen der Uniform auch zeigen, wer man ist, dieses besonders im kapitalistischen Ausland, denn wir repräsentieren unseren sozialistischen Staat. Ab sofort wird auch bei allen Mahlzeiten in der Offiziersmesse die Uniform getragen. Ich hatte keine und hatte auf diesem Schiff auch noch nie eine gebraucht.

Bei den Nautikern war das kein Problem, die trugen, wenn notwendig, wenn der Lotse an Bord war und auch in den Häfen manchmal Uniform. Also lieh ich mir etwas aus und kam der Anweisung des Kapitäns nach, eine Ordensspange hatte ich aber nicht.

Nun, nach zwei Wochen seiner Bordanwesenheit, ließ er sich von der Oberstewardeß das Getränkebuch kommen. Hier wurden immer die an die Besatzung ausgegebenen Getränke, besonders die alkoholischen, vermerkt. Für den Kapitän war offensichtlich, an Bord wird zu viel Alkohol getrunken. Das erfordert stärkere Kontrollen und Rationierung. Das kam bei der Besatzung natürlich nicht gut an, und ich muß sagen, während meiner Bordzeit habe ich keinen Alkoholmißbrauch erlebt.

Wir waren nun auf dem besten Wege nach Piräus, hatten schönes Wetter, Uschi amüsierte sich über die Bordprobleme, der „Burmeister & Wain"-Hauptmotor tuckerte vor sich hin und wir liefen 15 Knoten.

Wie üblich teilte der Kapitän unsere Ankunftszeit der Agentur in Piräus mit, aber nach zwei Tagen konnten wir den Termin nicht halten, das Schiff war zu schnell und wir wären früher dort.

Der Kapitän war der Meinung, in der Passagierschiffahrt sei die Pünktlichkeit das „A und O", also muß das hier auch so sein. Die Leistung des Hauptmotors wurde stark reduziert, der Chiefengineer protestierte, denn der Hauptmotor sei für so einen Dauerbetrieb nicht ausgelegt, es nützte nichts, wir schlichen nun so vor uns hin, trotz der dezenten Hinweise seiner Nautiker, daß ein früheres Ankommen in Piräus die Chance auf ein schnelles Einlaufen in den Hafen bedeutet, denn es geht dort immer der Reihe nach, und wer zuerst den Anker wirft, ist auch zuerst im Hafen. Es kam nun, wie es kommen mußte, wir bekamen schlechtes Wetter, meine Uschi mußte wegen der Seekrankheit wieder die Koje hüten. Der Kapitän bekam nun Terminschwierigkeiten und verlangte vom Chiefengineer „volle Pulle", und das war bei schlechtem Wetter für das Schiff auch nicht gut.

Wir gingen nun mit dem Termin des Kapitäns am 4. September pünktlich um 08:00 Uhr vor Anker. Wie von seinen Nautikern vorausgesagt, liefen wir erst am nächsten Tag um 19:00 Uhr in den Hafen ein.

Ich hatte für Piräus mit Uschi nun volles Programm geplant, und auch der Chiefengineer hatte für uns volles Verständnis, und somit bekam ich etwas Freizeit. Wir hatten hier etwa fünf Tage Zeit, um etwas zu unternehmen, erst einmal Piräus bei Tag und Nacht und dann nach Athen zur Akropolis. Für Uschi war Griechenland nun ein überwältigendes Erlebnis, und es kam auch die Erkenntnis, warum ein DDR-Bürger dieses herrliche Land nicht bereisen darf? Denn hier kam man auch ohne den Sozialismus aus. Es ist zwar nicht alles Gold, was glänzt, arbeiten muß man überall, aber man ist in Freiheit.

Am 10. September verließen wir den Hafen von Piräus und gingen vor Anker. Es gab Probleme mit den Ladungspapieren, und wir sollten auf Reede warten. Die Klärung erfolgte, und wir verließen am nächsten Tag die Reede von Piräus und fuhren zu unserem nächsten Hafen, nach Saloniki, wo wir am 2. September eintrafen und gleich an die Pier gingen. Wir waren hier etwa zwei Tage, und für Uschi war diese herrliche Stadt wieder ein schönes Erlebnis.

Nun ging es nach Istanbul, dazu mußten wir durch die Dardanellen. Diese Meerenge trennt Europa von Asien, gehört zum Territorium der Türkei und verbindet das Mittelmeer über das Marmarameer und den Bosporus mit dem Schwarzen Meer. Trotz Lotsenpflicht kommt es immer wieder zu folgenschweren Kollisionen zwischen Großschiffen. Eine besonders kritische Stelle ist die S-Kurve bei Canakkale. Daran hat sich auch in der heutigen Zeit nicht viel verändert. Vor Canburnu lief in den Dardanellen am 4. März 2004 der ukrainische Frachter „Delphin 2" mit 19 Tonnen Sprengstoff auf Grund. An Bord befanden sich 400 Schachteln mit Kapseln und 88 Holzkisten voller Sprengstoff. Der Kapitän hatte die Fracht vor Passage der Meerenge nicht deklariert. Das Schiff befand sich auf dem Wege nach Beirut in den Libanon. Für wen dieser Sprengstoff bestimmt war, wäre reine Spekulation, aber vermuten könnte man es.

In der neueren Geschichte, während des Ersten Weltkrieges, gab es die berüchtigte „Dardanellenoperation", wodurch die Briten die Kontrolle über den Bosporus erlangen wollten, und auch Deutschland, das mit der Türkei verbündet war, machte diese Operation zu einem Desaster für die Briten, und sie mißlang. Die Schlacht von Gallipoli zählt zu den verlustreichsten des Ersten Weltkrieges. Auf britischer Seite gab es 43.000 Tote, und die Türkei hatte 55. 000 Gefallene zu beklagen.

Nun, wir kamen in friedlicher Absicht, und am 14. September um 08:00 Uhr nahmen wir bei der Einfahrt in die Dardanellen vor Canakkale den Lotsen an Bord. Es ist eine imposante Durchfahrt, mit wahnsinnig vielen alten und neuen Festungsanlagen gespickt. Eigentlich ist es schrecklich, was der Mensch alles anrichten kann, und die Militärs sind sogar noch stolz darauf.

Wir erreichten um 19:00 Uhr Istanbul, das auf beiden Seiten zur Einfahrt am Bosporus liegt, und gingen vor Anker. Es gab für uns keinen Liegeplatz an der Pier, so wurden wir am nächsten Tag um 11:00 Uhr an Tonnen festgemacht. Die Ladung wurde in Bargen gelöscht, wir luden auch Expeller für den Kontinent, und das mit eigenem Ladegeschirr.

Am Freitag, den 16. September fuhren wir von unserem Liegeplatz Kadiköy, auf der asiatischen Seite von Istanbul, mit einer von der Agentur gestellten Barkasse zur Mündung des Goldenen Horns, Stadtteil Eminönu, neben der Galatabrücke. Hier ist der größte Fähranleger, auch zum asiatischen Ufer. Das orientalische Gewimmel war nun auch für Uschi sehr gewöhnungsbedürftig. Ihren hilflosen Blick, der mich traf, konnte ich nur entkräften, indem ich ihr sagte, ich kenne mich hier auch ohne Stadtplan etwas aus.

Wir besichtigten dann die „Hagia Sophia", die „Blaue Moschee", den „Topkapi-Palast", und dann ging es in den „Grand Bazar". Das enorme Gewimmel der schauenden und feilschenden Menschen ist natürlich ein tolles Erlebnis, wobei im Goldbazar meiner Uschi die Augen übergingen. Spät am Abend waren wir dann zurück an Bord unseres Schiffes und von den Eindrücken geschafft.

Am nächsten Tag war um 21:30 Uhr der Lotse an Bord, und es ging weiter durch den Bosporus in Richtung Schwarzes Meer nach Burgas in Bulgarien. Nun, das war nicht nur für eine mitreisende Ehefrau kein erstrebenswerter Hafen, und was uns bevorstand, ahnten wir noch nicht.

Die Fahrt durch den etwa 30 Kilometer langen Bosporus ist auch wegen des starken Schiffsverkehrs und der zwei gegenläufigen starken Gegenströmungen, die zu unterschiedlichen Zeiten auftreten, nicht ungefährlich.

Deshalb gibt es für die Durchfahrt besondere Bestimmungen und Empfehlungen, so dürfen zwischen 17:30 Uhr und 07:30 Uhr (Nacht) nur Schiffe mit einer Gesamtlänge bis 250 Meter den Bosporus passieren. Tankern wird die Durchfahrt nur gestattet, wenn sie in Begleitung eines Schleppers sind.

Auch Sichtverhältnisse und Schiffe mit gefährlichen Gütern unterliegen besonderen Bedingungen.

Die normale Geschwindigkeit darf zehn Knoten (mit Ausnahmen) nicht übersteigen, auch der Abstand zum vorausfahrendem Schiff darf nicht unterschritten werden (Abstand 1600 Yards). Aber wir hatten wohl, „Inschallah", einen guten Lotsen und überstanden glücklich die Durchfahrt.

Am 18. September gingen wir um 07:00 Uhr auf Reede von Burgas vor Anker. Hier wurde auch die Einklarierung durch die bulgarischen Behörden vorgenommen, es gab aber Probleme mit den Ladungspapieren, und diese bezogen sich auf den geladenen Expeller von Istanbul. Der Kapitän hatte dafür kein Rattenzertifikat, und ein Zertifikat, daß die Ladung frei von Schädlingen ist, fehlte auch. Es wurden Proben von der Ladung und an Land untersucht. Das Ergebnis dauerte etwas länger und war erschreckend, denn es sollten sich mindestens sieben Sorten Käfer und Spinnen in der Ladung befinden. Die Forderung der Behörden war, das Schiff muß begast werden, und da das für den Menschen gefährlich ist, sollte die Besatzung solange in ein Hotel ziehen. Für diese Aktion sollte die Ladung in Bargen gelöscht werden. Nun gab es für den Kapitän ein ernsthaftes Problem, und bei der Reederei in Rostock hat man sich sicherlich die Haare gerauft, denn es kämen auf die Reederei enorme Kosten zu. Ein Sündenbock wurde gesucht, und das war für den Kapitän die türkische Agentur und unser Chiefmate, als Ladungsoffizier sei der auch für die Ladungspapiere verantwortlich. Dieser arme Mann, ein sympathischer und versierter Seemann, konnte die Welt nicht mehr verstehen.

Die Stimmung an Bord war miserabel, aber nach einer Woche wurde uns von der Agentur eine Barkasse zur Verfügung gestellt, und wir durften an Land gehen. Meine Uschi lernte nun das sozialistische Bulgarien kennen, davon war sie nun auch nicht übermäßig begeistert, denn Parallelen zur DDR waren nicht zu übersehen. Es gab aber sehr viel Sonnenschein, und wir hatten hier auf Reede nun viel Zeit.

Am 4. Oktober hatte Uschi Geburtstag, und das sollte auch richtig gefeiert werden. Der Koch buk eine schöne Cremetorte, die Auswirkungen waren für Uschi und einige andere am nächsten Tag fürchterlich. Der Chiefmate und ich machten eine Radikalkur mit Wodka, und das half dann auch.

Nach fünf Wochen Reedeliegezeit liefen wir am 6. Oktober in Burgas ein, man hatte sich nun, wie auch immer, geeinigt. Die Ladung brauchte nicht gelöscht zu werden, und von der Begasung sprach auch keiner mehr. Im Hafen lagen wir fast fünf Tage, und am 11. Oktober ging es nach Constanza in Rumänien, unserem sozialistischen Bruderland. Die Reise dorthin dauerte nur ca. zwölf Stunden, und wir hofften inständig, daß hier nicht auch das gleiche Theater von vorne losging. Wir lagen aber nur sieben Tage auf Reede und liefen am 19. Oktober früh um 04:00 Uhr in den Hafen ein. Für Uschi gab es hier auch keine umwerfenden Erlebnisse, und wir waren alle froh, daß wir nach fast sieben Tagen dieses gastliche Land wieder verließen.

Es ging nun auf „Heimreise", das heißt Antwerpen, im Mittelmeer war die See noch einigermaßen erträglich, aber der Atlantik und die tückische Biskaya machten meiner Uschi doch mächtig zu schaffen. Am 8. November waren wir dann endlich, für fast drei Tage, in Antwerpen, und Uschi konnte sich von den Strapazen erholen. Nun begann der Streß des Einkaufens für unseren Sohn, aber das überstand ich dann auch noch.

Nach einem Tag auf Reede von Wismar waren wir am 15. November 1966 um 10:34 Uhr in diesem Hafen fest an der Pier. Verständlicherweise wollte Uschi sofort zu unserem Sohn nach Hause, ich konnte es dienstlich organisieren, daß ich einige Tage frei bekam. Unser Sohn erkannte seine Mama nicht gleich, und es gab Tränen, aber dann waren wir doch alle glücklich, und Oma und Opa war die Last der Verantwortung genommen.

Ich mußte wieder an Bord, und am 28. November liefen wir aus Wismar aus. Es ging nach Hälsingborg in Schweden, wir sollten dort in eine Schiffswerft, um notwendige Reparaturen durchzuführen. Inzwischen war unser alter Kapitän wieder an Bord, nun ging Gott sei Dank alles wieder seinen „sozialistischen Gang", das Bordklima war somit wieder prima. Das Schiff ging in ein Dock, hier wurden die notwendigen Arbeiten am Unterwasserschiff vorgenommen, einschließlich Erneuerung der noch traditionellen Stevenrohrabdichtung und Kontrolle der Pockholzlagerung der Propellerwelle. Wir lagen hier etwa neun Tage, und es war für mich interessant zu sehen, wie organisatorisch in kürzester Zeit so eine doch umfangreiche Reparatur durchgeführt wurde. Die Werft war sauber und ordentlich, und die Werftarbeiter waren freundlich und machten nicht den Eindruck ausgebeuteter Proletarier. Es kam zu persönlichen Kontakten, und das nicht nur bei der Arbeit. Da unsere Kombüse geschlossen war, aßen wir oft in der Werftkantine. Die Werften in der DDR hielten den Vergleich mit dieser schwedischen Werft in allen Dingen nicht stand. Es ging hier auch ohne nervige Parteiparolen, Aufrufe zur Planerfüllung und eine „Straße der Besten“ gab es auch nicht.

Wir gingen nun wieder auf eine normale Mittelmeerreise, beginnend mit den Ladehäfen Antwerpen und Rotterdam. Heiligabend verbrachten wir auf See, man mußte ja arbeiten, und so treten die Gedanken an die Familie etwas in den Hintergrund.

Am 25. Dezember waren wir vor Piräus und Eleusis, eigentlich ein Marinehafen, wir löschten hier Teile unserer Ladung. Es folgten einige griechische und türkische Häfen, und es ging dann auf „Heimreise“, das heißt mit den Löschhäfen Antwerpen und Rotterdam. Am 3.2.1967 waren wir dann wieder in Wismar, und ich freute mich auf meine Familie, denn ich sollte nun endlich einmal Urlaub bekommen. Aber das war ein Trugschluß, es kam nun ein Ereignis, mit dem ich überhaupt nicht gerechnet hatte.

Neben uns lag auslaufbereit das MS „Tollense“, dort war der 2. Ingenieur plötzlich wegen Krankheit ausgefallen. Nun versuchte mich der Inspektor davon zu überzeugen, daß ich unbedingt und sofort auf das andere Schiff anmustern soll, denn es wären sonst erhebliche finanzielle Verluste zu erwarten.

Das Schiff sei bereits für den Nord-Ostsee-Kanal, Hamburg, Rotterdam und Antwerpen avisiert. Außerdem wurde mir eine Beförderung zum 1. Ingenieur in Aussicht gestellt, das war für mich natürlich verlockend, und ich erklärte mich einverstanden. Nun hatte ich noch die heikle Aufgabe, diese neue Situation meiner Uschi klarzumachen, das ging ja nur telefonisch und war für beide Seiten nicht erfreulich. Ich packte meine Sachen, stieg auf das andere Schiff über, und wir liefen aus.

Das Schiff war ebenso im Mittelmeer im Einsatz, und eigentlich war ich auch froh, daß ich wieder etwas Neues kennenlernte, denn ich war schon auf dem anderen Schiff in Routine verfallen.

MS „Tollense“

Das Schiff war ein Trockenfrachtschiff mit 2306 BRT / 3851 tdw / Länge 107,5 Meter / Breite 14,3 Meter / Tiefgang 5,9 Meter / Baujahr 1951 und einem Götaverken-Hauptmotor. Auf der Öresundwerft Landskrona in Schweden wurde es gebaut, die DDR kaufte es von einer kapitalistischen Reederei und stellte es am 2.3.1965 unter der Flagge der Deutschen Seereederei Rostock in Dienst.

Ich schaffte es in kürzester Zeit, mich in den Maschinenbetrieb einzuarbeiten, und neu war für mich dieser konventionelle Schiffsbetrieb auch nicht. Der Chiefengineer, ein korpulenter älterer Mann, hatte mich wohl ins Herz geschlossen und wollte mich trösten, da ich so plötzlich das Schiff wechseln mußte und meine Familie nicht mehr sehen konnte.

Wie ich in Gesprächen erfuhr, kannte er meinen bisherigen Werdegang ganz genau, offenbar war er mit meiner Kaderakte vertraut. Warum, wurde mir dann auch klar, er war nämlich hier an Bord der SED-Parteisekretär. Wie er es aber trotz seiner Vergangenheit geschafft hatte, Mitglied der SED zu werden, war mir ein großes Rätsel. Er erzählte mir im Vertrauen, daß er bei der faschistischen Marine als Maat auf dem Schlachtschiff „Prinz Eugen“ gedient habe. Seeleute erzählen ja sehr viele Storys, und vielleicht wollte er mir imponieren.

Wir hatten nun die Kontinenthäfen hinter uns gebracht, waren im Mittelmeer und liefen unseren ersten Hafen, Tripolis in Libyen, an. Dieses Land war nach der Besetzung durch die Osmanen und Spanier 1934 italienische Kolonie und nun seit 1949 Königreich unter Idris I.

Die sunnitischen Muslime stellen mit über 95 Prozent den Hauptanteil der Bevölkerung, und als 1959 Erdöl entdeckt wurde, stieg dieses Land zum reichsten Land des afrikanischen Kontinents auf. Das war wohl auch der Grund, daß ich hier keine Bettler sah, die Scharen der Kinder, die einen um Bakschisch angingen, fehlten, und die üblichen fliegenden Händler konnte ich nicht bemerken. Die Araber und Berber waren reserviert, aber freundlich, und wenn man sich als Deutscher zu erkennen gab, wurde einem im Bazar sogar Tee serviert. Rommel kannte man auch, nur die Itaker mochte man nicht so recht.

Der typisch arabische Bazar war interessant. Hier bekam man auch sämtliche Waren des täglichen Lebens. Alles war sauber und ordentlich, und man bemerkte den Wohlstand nach arabischen Verhältnissen. Es gab auch einige Restaurants, die nur den Männern vorbehaltenen Cafés, touristische Sehenswürdigkeiten in und außerhalb der Stadt. Es wurde englisch gesprochen, Geschäfte, Restaurants, Cafés waren meistens mit arabischer und englischer Schrift versehen und ebenso auch die Straßen- und Verkehrsschilder. Die meisten Frauen waren leider verschleiert, und an „Highlife" war sowieso nicht zu denken, denn ein öffentliches Nachtleben gab es hier nicht.

Für einige von uns gab es hier etwas Erfreuliches, nämlich die OEA-Brauerei. Wie der Kontakt mit dieser Brauerei zustande kam, war unergründlich, es gab dort einen deutschen Braumeister, und das Bier gab es auch in Marokko und Tunesien. Dieses große unscheinbare Gebäude im arabischen Baustil ließ auf den ersten Blick keine Brauerei vermuten, aber es war großzügig unterkellert und mit moderner Technik für die Bierbrauerei ausgerüstet. Der Saal für die Gäste des Braumeisters war mindestens 80 Quadratmeter groß und arabisch eingerichtet, also bequeme Sessel, kleine Tischchen und Couchen. Es gab Flaschenbier, und die Flaschenverschlüsse wurden in die große Schale des an der Decke hängenden Kronleuchters geworfen, das war immer ein Gaudi. Man konnte so viel trinken, wie man wollte, denn wir brachten für den Braumeister immer deutsche harte Wurst, Salzhering und Schwarzbrot mit, das gab es hier in Libyen leider nicht.

Die Brauerei war Anlaufpunkt nicht nur für Deutsche, die in Libyen arbeiteten, sondern es kamen hier auch US-Bürger des nahe gelegenen US-Luftwaffenstützpunktes „Wheelus Field" hierher. Das Bier wurde in Fässern verkauft, auch an die BRD-Botschaft, und ich lernte einige Angehörige der Botschaft kennen. Als DDR-Seemann waren diese Bekanntschaften verboten. Man mußte vorsichtig sein, mit wem man zur Brauerei ging, aber das war nur ein kleiner eingeweihter Kreis, und eigenartigerweise kam sogar der Parteisekretär mit. Wahrscheinlich hatte er alles unter Kontrolle, aber das interessierte mich nicht. Wie ich später erfuhr, war er immer dabei, wo es etwas umsonst gab.

Nach einigen Tagen verließen wir diesen interessanten Hafen. Nun ging es nach Beirut in den Libanon, und darauf freute ich mich schon.

Wir gingen auf Reede von Beirut vor Anker. Es wehten uns bei ablandigem Wind sämtliche Düfte des Orients entgegen, insbesondere von einer riesigen qualmenden, im Küstenbereich liegenden Müllhalde. Durch den Meeresstrom schwammen an uns große Mengen an Abfällen vorbei, denn der Wohlstandsmüll wurde einfach in das Meer eingebracht. Das war für mich nun der erste Eindruck vom Moloch Beirut.

Der Libanon blickt auf eine wechselvolle Geschichte zurück, die bis 2000 vor unserer Zeit reicht und ständig von kriegerischen Auseinandersetzungen geprägt wurde. Ab 1920 war der Libanon französisches Mandatsgebiet und wurde erst 1943 ein unabhängiger Staat. Die Hauptstadt Beirut wurde vor dem 15jährigen Bruderkrieg, von 1970 bis 1990, auch „Paris des Nahen Ostens“ genannt. In dieser Stadt lebt mehr als die Hälfte der libanesischen Bevölkerung, sie ist orientalisch, aber auch sehr modern.

Mein erster Landgang ging ins Downtown, zur Corniche und Raouche am Meer. Das Flüchtlingslager der Palästinenser, „Nahr el-Bared“, sollten wir auf keinen Fall besuchen, das sei zu gefährlich. Natürlich ging es auch in das Gewirr des riesigen Bazars, und der war von der Größe mit dem von Istanbul zu vergleichen. Nach dem geschäftigen Treiben ging es dann in eines der Restaurants am großen „Platz der Freiheit“, von uns Kanonenplatz genannt, der in der Nähe des Bazars lag. Da ich auch inzwischen die arabische Küche mochte, war auch das Essen für mich immer ein Erlebnis.

Von unserer Agentur wurde uns eine Reisetour angeboten, es sollte zu den 1886 entdeckten Grotten von „Jeita“ gehen. Das war natürlich eine Abwechslung, und wir fuhren mit einem Kleinbus zu der 18 Kilometer außerhalb von Beirut gelegenen sehenswerten Grotte.

Wenn wir von einem Landgang zurückkamen, wurde oft noch ein Stop in einer Bar, die fast direkt am Hafentor lag, für einen Drink gemacht. Der

Name „Texas Bar“ war irritierend, denn es handelte sich um eine europäisch eingerichtete Bar, und das unter deutscher Leitung. Diese Bar war für DDR-Seeleute verboten, es sollen hier gezielte Abwerbungen vorgekommen sein, also Aufforderungen zur „Republikflucht“. Nun, dazu hätte ich mir nicht ausgerechnet den Libanon ausgesucht, also ignorierte ich dieses Verbot. Ich wurde auch dort nicht dazu aufgefordert, obgleich ich erzählte, woher ich kam. Die Stasi-Informationen reichten also auch bis in den Libanon.

Nach einigen Tagen ging es zu unserem nächsten Hafen, nach Lattakia in Syrien. Von Beirut nach Lattakia waren es etwa 110 Seemeilen, somit auch zeitlich keine Entfernung, und wir gingen nach kurzer Seereise auf Reede vor Anker. Am nächsten Tag liefen wir ein und bekamen einen Platz an der Pier. Die meisten internationalen Frachtschiffe wurden im Hafenbecken an der Mole, mit dem Bug in Richtung des Mittelmeeres, und das Achterschiff an Tonnen festgemacht.

Die Infrastruktur des Hafens entsprach nicht den Erfordernissen der Seeschiffahrt. Auch die ganz wenigen Liegeplätze an der Pier wurden nur für besondere Ladung genutzt. Solche Ladung hatten wir auch an Bord, und diese vielen grünen Kisten wurden sofort auf Militärfahrzeuge geladen und aus dem Hafen gefahren.

Die DDR hatte ja sehr gute Beziehungen zu Syrien, nahm aber erst am 5. Juni 1969 offizielle diplomatische Beziehungen auf.

Von der Stadt habe ich nicht viel gesehen, denn Sehenswürdigkeiten gab es auch nicht. Nach Löschende liefen wir sofort am gleichen Tag, zur Freude aller, wieder aus, und unser nächster Hafen war Mersin in der Türkei. Nach Mersin waren es etwa 990 Seemeilen, für uns also auch keine Entfernung. Wir sollten dort wieder Expeller für die Kontinenthäfen laden. Dieser Hafen war mir ja gut bekannt, und in vier Tagen hatte man ausreichend Zeit für einen Landgang.

Nun ging es wieder, über die Löschhäfen Antwerpen und Rotterdam, in Richtung „Heimat“, und am 5. April 1967 waren wir wieder in Wismar. Ich bekam nun endlich Urlaub und war bei meiner Familie in Rostock.

Mein Urlaub ging zu Ende, und ich wurde am 29.5.1967 erneut auf dem MS „Tollense“ als 2. Ingenieur gemustert. Es begann wieder eine Reise in das Mittelmeer mit den mir bekannten Kontinenthäfen Rotterdam und Antwerpen. Im Mittelmeer ging es zuerst nach Tripolis in Libyen, dann nach Limassol und Famagusta auf Zypern.

Die ganze Insel Zypern gehörte zu dieser Zeit noch zu Griechenland, und wir lagen in diesen Häfen meistens mehrere Tage.

Durch seine geografische Lage wurde die Insel Zypern seit jeher durch kulturelle und politische Strömungen Europas und des Orients beeinflußt. Die Geschichte reicht weit bis 2000 vor Christus zurück, und sie war/ist Spielball auch der Großmächte.

Durch eine von unserer Agentur organisierte Inselrundreise lernten wir auch die zu 80 Prozent aus Griechen bestehende überaus freundliche Bevölkerung und Landessitten kennen. Zu dieser Reise gehörten auch griechisches Essen und die Besichtigung einer Weinfabrik. Die Weinverkostung in der Kelterei „LOEL“ mit verschiedenen Sorten, auch Sherry und Brandy, haute bei den sommerlichen Temperaturen den stärksten Seemann um. Der Reiseleiter war froh, als wir wieder heil an Bord zurück waren.

Der kleine Hafen Limassol war gerade für unsere Schiffsgröße ausreichend, der größte Hafen auf Zypern ist Famagusta. Ich hatte auch Zeit, mich mit beiden Städten bekannt zu machen. Auffällig waren natürlich die vielen Touristen, die hier Urlaub machten, ein unerfüllbarer Traum für einen DDR-Bürger.

Der Schiffsservice, also Reparaturen und Proviant, war auch auf Zypern ein stark umkämpfter Markt. Er lag in griechischer Hand, insbesondere zwei Firmen unterboten sich in den Preisen und dem Bakschisch für den Kapitän.

In der Endkonsequenz schaffte es Mister Savva, einen Kontrakt mit unserer Reederei abzuschließen, somit hatte er das Monopol für dieses lukrative Geschäft.

Über Mister Savva bezogen wir dann auch den von uns gekauften Zypernwein, meistens in 5-Liter-Korbflaschen, den man in der DDR natürlich nicht bekam.

Wir luden in beiden Häfen große Mengen an Zitrusprodukten und auch Trockenfrüchten, aber nicht für die DDR, sondern für Hamburg. Es wurde dadurch auch zu einer schnellen Reise, und wir waren schon Anfang Juni wieder in Wismar.

Nun hielt die Reederei sogar ihr Versprechen, und ich wurde am 6.7.1967 als 1. Ingenieur umgemustert. Es begann für mich nun wieder ein neuer Berufsabschnitt, und als Vertreter des Chiefengineers gab es eine größere Herausforderung und Verantwortung. Auf den nun folgenden zwei Mittelmeerreisen mit den mir bekannten Häfen stellte ich unter Beweis, daß ich auch diese Funktion erfolgreich erfüllen konnte.

Leider kam meine Familie zu kurz, und man machte mir den Vorwurf, daß ich nur an meine Karriere denke.

Oh, wie wahr!

Das Jahr 1967 ging zu Ende, und ich war erneut Weihnachten auf See, am 1. Januar1968 waren wir um 02:00 Uhr in Hamburg fest an der Pier und am 3. Januar endlich wieder in Wismar. Ich bekam nun eine Woche frei und konnte bei meiner Familie sein.

Am 14. Januar ging es mit dem MS „Tollense" wieder auf Mittelmeerfahrt über die Häfen Rotterdam und Antwerpen. In Piräus waren wir dann am 4. Februar, weiter ging es nach Saloniki und Istanbul, und am 14. Februar waren wir in Tekirdag, unser Ladehafen in der Türkei. Ich kannte diesen kleinen Hafen, wenn man überhaupt von einem Hafen sprechen konnte. Wir sollten wieder Expeller laden.

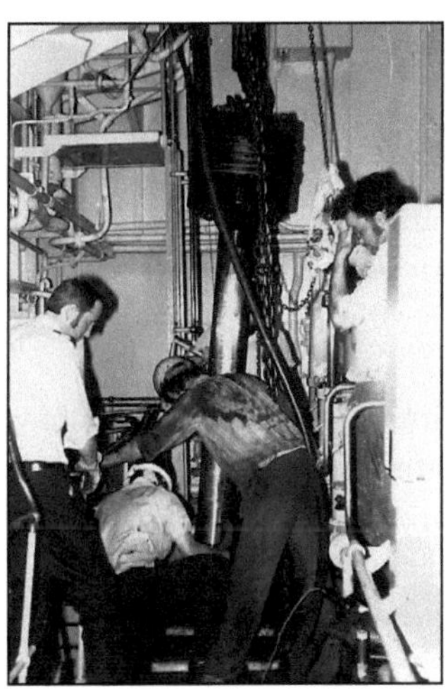

Bei der schleppenden Anlieferung der Ladung, und dann auch noch mit dem Ladegeschirr des Schiffes, war es zeitlich nicht abzusehen, wann wir diesen trostlosen Hafen wieder verließen.

Aufgrund dieser nicht absehbaren Liegezeit konnten wir, nicht nur im Maschinenbereich, einige notwendige Reparaturen durchführen. Dazu

gehörte auch das „Ziehen“ von Kolben der Hauptmaschine. Das war zwar keine sehr komplizierte, aber zeitaufwendige und nicht gerade saubere Arbeit. Diese Arbeiten wurden als Eigenleistungen bei der Reederei abgerechnet, und es gab dafür eine kleine Prämie.
Nach etwa 20 Tagen am 5. März1968 war es endlich soweit, und wir verließen diesen nicht nur für Seeleute unattraktiven Hafen. Wir fuhren zu unseren Löschhäfen nach Antwerpen, Rotterdam, Bremen und Flensburg.

Am 26. März waren wir wieder in Wismar, und ich bekam einige Tage frei.

Ich beantragte nun wieder die Mitreise der Ehefrau, und die ganze Prozedur mit den DDR-Behörden begann wieder. Es hatte sich nichts geändert, und es bestand immer noch der Verdacht auf „Republikflucht“.

Nun, ich ging am 6. April wieder auf Mittelmeerreise, über die Häfen Antwerpen und Rotterdam, und am 25. Aril war ich erneut im Hafen Tripolis in Libyen. Hier war natürlich der Besuch der OEA-Brauerei angesagt, das war auch der einzige Höhepunkt und eine Abwechslung vom Bordleben. Nach einigen Tagen ging es weiter, für einen Tag nach Lattakia, wo wir in der Nacht schnell etliche grüne Kisten, vermutlich für die syrische Armee, löschten.

Weiter ging es nach Famagusta, Limassol, Beirut und in mein geliebtes Alexandria, aber hier hatte sich auch nichts verändert. Wir liefen noch einmal Beirut als Ladehafen an, und dann ging es nach Rostock, wo wir am 25. Mai eintrafen.

Inzwischen war der Mitreiseantrag meiner Uschi von den DDR-Behörden bestätigt, auch die Unterbringung unseres Sohnes war geklärt, und Uschi war voll mit den Reisevorbereitungen beschäftigt.

Am 14. Juni 1968 verließen wir dann mit dem MS „Tollense“ die DDR, und es ging durch den Nord-Ostsee-Kanal für fünf Tage nach Antwerpen und Rotterdam.

Nach etwa zwei Jahren war meine Frau nun wieder mit mir auf einer Reise in das Mittelmeer, und das war gut so für unser Zusammenleben.

Wenn es auch bei Seeleuten zu Problemen kommen kann, die nicht nur in der ständigen Trennung liegen, das Vertrauen in einer Seemannsehe muß auf beiden Seiten vorhanden sein, ansonsten ist ein Scheitern absehbar.

Das Klischee über Seeleute und auch die Romantik gibt es in den Liedern und hat überwiegend mit der Realität nichts gemeinsam. Deshalb war es gut, daß mitreisende Ehefrauen auch den Bordalltag und natürlich die kurzen Landgänge im Ausland miterleben konnten.

Für einen DDR-Bürger war das kapitalistische Ausland ein besonderes Erlebnis, und für Uschi kamen nun wieder sehr viele Eindrücke auf sie zu. Schon in Belgien und Holland waren ihre Vergleiche mit der DDR niederschmetternd. Nur, ich erlebte ständig diese unterschiedlichen Welten, und es war für mich oft nicht einfach zu sagen, ich bleibe in der DDR. Es gab manchmal Angebote, den Staat zu verlassen, aber das stand für mich nicht zur Debatte, und das hatte ausschließlich familiäre Gründe.

Am 21. Juni 1968 verließen wir Rotterdam und waren am 29. Juni für einige Tage in Tripolis. Hier in Libyen gab es für Uschi auch einige sehenswerte Dinge. Wir beide besichtigten die mir bekannte Stadt, die auch viele gut erhaltene Bauwerke hat. Das für sie Interessante war auch der weitläufige Bazar mit den zurückhaltenden Händlern, also nicht die übliche Anmache wie in einigen arabischen Ländern.

Über unsere Agentur wurde eine Reisetour nach Sabrata, über 100 Kilometer westlich von Tripolis, organisiert. Diese antike Ausgrabungsstätte, ähnlich wie Leptis Magna, wurde etwa im 8. Jahrhundert vor Christus gegründet, ist sehr sehenswert, und auch das Museum ist beeindruckend. Während der Hin- und Rückreise erfuhren wir natürlich auch einiges über Land und Bevölkerung, aber die Temperaturen um diese Jahreszeit machten uns doch sehr zu schaffen.

An einem Nachmittag war dann auch die Besichtigung der OEA-Brauerei angesagt. Uschi hatte schnell Kontakt, auch zu den BRD-Botschaftsangehörigen. Wir wurden zu einer Grillparty auf dem amerikanischen Luftwaffenstützpunkt „Wheelus Field“ eingeladen. Ein Pkw brachte uns in den Wohnbereich für Offiziere und zivile Angestellte dieses militärischen Stützpunktes. Die Party fand in der Villa eines amerikanischen Rechtsanwaltes mit etwa 30 Personen statt. Es gab Spanferkel, das im großen Garten auf einem Spieß gegrillt wurde, und natürlich OEA-Bier. Es war eine zwangslose Gesellschaft, mit viel Spaß, und es war überhaupt kein Problem, hier nette Kontakte zu knüpfen. Auf Etikette wurde nicht sehr viel Wert gelegt, aber es waren alles Personen mit gehobener Bildung und Benehmen. Auch einige anwesende US-Offiziere und auch der mir bekannte Air-Force-Major waren natürlich in Zivil. Das Partyzubehör, also Besteck, Trinkgefäße etc., alles amerikanisch-praktisches Wegwerfgeschirr.

Der Rechtsanwalt der auch gut Deutsch sprach, war Hobbytaucher, und seine Funde aus dem Mittelmeer waren um die Villa drapiert. Das Servicepersonal waren offensichtlich Militärangestellte, aber sehr unauffällig und freundlich. Daß ich aus der DDR war, war natürlich bekannt, aber überhaupt kein Problem, nur für mich hätte es eines werden können, wenn die DDR-Behörden das alles mitbekommen hätten. Entsprechend unserem Wunsch wurden wir dann auch in die Nähe des Hafentors zurückgefahren, und wir hatten einen netten Tag verlebt.

Am 8. Juli 1968 waren wir für einige Stunden in Lattakia und löschten wieder unsere spezielle Ladung; ein Landgang war nicht möglich.

Es ging für zwei Tage nach Beirut in den Libanon, und hier hatte ich auch Zeit, meiner Uschi einiges von Beirut zu zeigen. Der große Bazar war natürlich am interessantesten, hier hatte sie einige Wünsche und konnte eine Vorauswahl treffen, denn wir sollten in einigen Tagen noch einmal hierherkommen. Wir fuhren zurück nach Lattakia, um Ladung aufzunehmen, und hatten nun auch Zeit, uns an Land zu bewegen. Nicht nur für Uschi war dieser Hafen kein besonderes Erlebnis, aber ich machte ihr den Vorschlag, einmal richtig arabisch essen zu gehen, und das taten wir auch an einem Abend in dem mir bekannten Restaurant „SPIRO“. Dieses Restaurant befindet sich in der Nähe der Uferpromenade etwa 200 Meter hinter dem ehemaligen Gouverneurspalast und wird oft auch von einheimischen Familien besucht.

Die arabische Speisekarte sagt einem nicht viel, aber der nette Wirt ist sehr hilfreich, zeigt einem die Küche, öffnet sogar die Kühlschränke (alles sehr sauber!), und man kann sich aussuchen, was man essen möchte. Wir aßen unter anderem Falafal, Lammkebab, Couscous, frischen Fisch, Salate und natürlich Fladenbrot. Es gab hier auch alkoholische Getränke.

Die Rechnung ist nur mit arabischen Kenntnissen zu verstehen.

Von Lattakia nach Beirut im Libanon sind es nur etwa 100 Seemeilen.

Am 16. Juli 1968 waren wir wieder dort.

Es bestand die Möglichkeit, durch Vermittlung über unsere Agentur, nach Baalbek zu einer der größten Tempelruinen der Welt zu fahren. Wir nahmen natürlich diese Chance wahr. Baalbek liegt in der nördlichen Beqaa-Ebene zwischen den Gebirgsketten des Libanon und Antilibanon, in 1150 Meter

Höhe über dem Meeresspiegel. Schon die mehrstündige Fahrt durch das Gebirge und durch die fruchtbare Beqaa-Ebene ist ein Erlebnis.

Die Stadt Baalbek blickt auf eine 5000jährige Geschichte zurück. Die antiken Tempelruinen, insbesondere der Bacchus-Tempel und die riesigen sechs Säulen des Jupiter-Tempels, sind besonders imposant.

Der größte Baustein der Welt (21,36 Meter lang, 4,33 Meter hoch und 4,6 Meter breit) mit einem Gewicht von über 1200 Tonnen gibt nicht nur den Wissenschaftlern einige Rätsel auf. Unklar ist, wie derartige Steine gebrochen, transportiert und exakt in das Fundament eingepaßt werden konnten. Ein sich auch mit anderen unerklärlichen Phänomenen der Weltgeschichte beschäftigender und umstrittener Schriftsteller, Erich von Däniken, hat dafür eine Antwort: „Das können nur Außerirdische vollbracht haben."

Auch dieser sehr ereignisreiche Tag ging zu Ende, und wir waren spät am Abend wieder zurück an Bord.

Es ging auf „Heimreise", und wir waren am Sonnabend, den 3. August 1968 für etwa drei Tage in Hamburg. Das bedeutete für Uschi natürlich Einkaufen, für mich Strapazen und Geduld. Aber erst einmal ging es am Sonntag in der Frühe zum Fischmarkt, das war ja nun etwas ganz Neues und das Spektakel eine einzige Freude. Am Abend ging es dorthin, wo angeblich alle Seeleute sich amüsieren, wenn sie von großer Fahrt kommen – Hans Albers' „Auf der Reeperbahn nachts um halb eins" läßt grüßen. So etwas gab es in der DDR natürlich offiziell nicht, und Uschi war sprachlos, insbesondere über die Damen im Schaufenster der Herbertstraße, aber sonst haben wir uns gut amüsiert.

Wir verließen nun das interessante Hamburg. Uschi hatte, mit der uns zur Verfügung stehenden Valutamark, ihre Einkäufe erledigt, und es blieben viele Wünsche offen.

Es ging um Skagen herum nach Wismar, wo wir am 8. August 1968 wieder glücklich eintrafen.

Ich bekam nun endlich auch etwas Urlaub, und das war ein schönes Wiedersehen, denn wir hatten ja lange unseren Sohn nicht gesehen.

Am 16. September war die schöne Zeit wieder zu Ende, und ich sollte nach Dänemark, um ein neues Schiff zu übernehmen.

Werftübernahme in Dänemark MS „Weida“

Es handelte sich um das MS „Weida“, ex MS „Olau Drot“, ein Alttonnageschiff Baujahr 1960. Das Schiff lag in der Schiffswerft Aalborg. Es wurden einige Reparaturen und die Klassifizierung durch die DSRK durchgeführt sowie die Übergabe an die Deutsche Seereederei Rostock vorbereitet.

Um nach Aalborg zu kommen, fuhr ich mit dem Küstenmotorschiff MS „Greifswald“ von Wismar nach Aarhus und dann weiter mit der Bahn. Ich wohnte mit den anderen Besatzungsmitgliedern im Seemannsheim in Aalborg, denn die Wohn- und Aufenthaltsräume sowie die Kombüse des Schiffes waren noch nicht in dem von uns geforderten Zustand.

Einige Parameter:
Länge: 110,2 Meter
Breite: 14,5 Meter
Tiefgang: 7,0 Meter
Geschwindigkeit: 15,5 Knoten
Deplacement: 7484 Tonnen
Hauptmotor: B&W 650 VTBF 110 / 3300 PS

Einige dänische Besatzungsmitglieder der MS „Olau Drot" von der „OLAU LINE" waren noch an Bord und sollten uns auch in die technischen Anlagen einweisen. Im Maschinenbereich waren davon drei Mann damit beschäftigt, einige noch ausstehende Reparaturen nachzuholen und die Anlage fit zu machen. Ein riesiger muskelbepackter Däne beschäftigte sich mit dem Brennstoffseparator des Hauptmotors. Dieser Separator war randvoll mit Schlamm und festen Brennstoffbestandteilen. Es war ihm wohl unangenehm, daß ich diesen Zustand sah, und er spielte die Angelegenheit herunter.

Nach oberflächlicher Reinigung drosch dieser große Kerl mit einem Vorschlaghammer das wichtigste sich im Inneren des Separators befindliche Tellerpaket fest. Mir tränten die Augen, als ich diese Arbeitsweise sah, und ich machte ihn darauf aufmerksam, daß wir das nicht akzeptieren. Einen

Probelauf machte er nicht, denn er wartete darauf, daß ich verschwinde. Ich informierte den Chiefengineer, aber der sah das nicht so verbissen.

Die Außenhaut des Schiffes und auch einige Aufbauten waren mit roter Farbe versehen, das entsprach nicht dem Farbbild der DSR-Schiffe, es mußte alles umgemalt werden. Der Grund für diese rote Farbe war, daß das Schiff im Eismeer und insbesondere in der Grönlandfahrt eingesetzt war. Nun vertrug sich diese rote Farbe nicht mit den DDR-Farben, also mußte alles mit „Westfarbe" konserviert werden, und das kostete Valuta.

Von der dänischen Besatzung waren auch einige Grönländer und davon auch weibliche. Mein Schwager, der bei dem Fischkombinat Rostock zur See fuhr, schwärmte von diesem Frauentyp und erzählte mir immer tolle Storys.

Im Maschinenraum lief ständig so ein kleiner Grönländer mit einem kleinen Handbeutel hin und her, und ich fragte mich: „Was transportiert dieser Kerl?" Er verschwand dann immer im Ladekühlmaschinenraum, und von den anderen Dänen war dann auch nichts mehr zu sehen. Ich wollte ja nicht aufdringlich sein, aber ich saß dann dort auch bei einem dänischen Bier.

Das Schiff hatte auch einen Ladekühlraum von 646,4 Kubikmeter mit den dafür notwendigen technischen Anlagen (SABROE FREON F12). Die Kühlanlage konnte bis minus 20 Grad Celsius gefahren werden. Aber gefahren wurde so eine Ladung bei den Dänen nicht, und nun gab es für die Dänen ein arges Problem, denn wir verlangten eine einsatzklare Anlage. Das Problem löste dann ein Spezialist vom Hersteller der Anlage. Für mich war das insofern interessant, da ich bisher nichts mit Ladekühlanlagen zu tun hatte, nur mit Proviantanlagen war ich vertraut.

Nach dem Flaggenwechsel (Dänemark – DDR) am 12. Oktober 1968 zogen wir in unsere Kabinen, die Besatzung war komplett. Es begann ein einigermaßen normaler Bordbetrieb, und die Kombüse nahm den Probebetrieb auf. Es gab somit keine Werftdevisen mehr, und das Jammern der DSR-Landangestellten, die bei einer Schiffsübernahme in einer Werft im kapitalistischen Ausland immer anwesend waren, war nicht zu überhören.

Wir mußten in der Werft unsere Getränke, Zigaretten etc. privat an Land kaufen, das war bei unseren begrenzten Devisen ein Problem, und Dänemark war für uns zu teuer. Nun kam auch die Transitware an Bord, also die Ware für die kommende Reise. Leider ging natürlich alles unter Zollverschluß in die Transitlast, und die durfte nur bei Verlassen der Hoheitsgewässer geöffnet werden.

Der Chiefengineer „Reinhold", ein älterer guter Fachmann, der schon bei der faschistischen Kriegsmarine gedient hatte und mit dem ich auch gut klarkam, hatte auch Bierdurst. Das Problem war nur, wie kommen wir an die Bierkisten heran? Das waren Pappkartons, und die standen ja in der Transitlast. Nun, für „Hein Seemann" war das kein Problem. Die Bezahlung beim Steward war geregelt, aber wenn der Zoll kontrolliert hätte, wären Fehlmengen aufgetreten, und das war nicht gut. „Reinhold" hatte die Lösung, meinte zu mir: „Stell dich nicht so dämlich an!" Der Boden der Kartons wurde aufgemacht, das Bier wurde getrunken, die Flaschen mit Wasser gefüllt (auch wegen des Gewichtes), alles wieder schön verpackt und in die Transitlast zurückgebracht. Bei der nächsten offiziellen Bierausgabe mußte der Steward nun aufpassen, daß er keine Wasserflaschen verkauft.

Es war nun endlich soweit, am 16. Oktober 1968 verließen wir die Aalborg-Werft und fuhren ohne Probleme nach Wismar, wo wir dann noch Ausrüstung übernahmen und auch bunkerten.

Ich hatte fast keine Zeit, mich von zu Hause zu verabschieden, denn es ging gleich am 19. Oktober durch den Nord-Ostsee-Kanal über die Häfen Antwerpen und Rotterdam auf Mittelmeerreise. Am 3. November waren wir für fast acht Tage auf Reede und im Hafen von Tripolis in Libyen.

Eine personelle Veränderung hatte es auf dieser Reise auch gegeben. Mein alter Chiefengineer „Reinhold" mußte nach der Werftzeit aus gesundheitlichen Gründen das Schiff verlassen. Der „Neue" war nicht viel älter als ich und machte aus meiner Sicht einen sehr unsicheren Eindruck. Wie ich erfuhr, war das auch seine erste Reise in dieser Funktion, das war für mich nun gerade keine Hilfe bei so einem „neuen" Schiff, und ich wurde entschieden mehr gefordert. Wie üblich bei der DSR ging ich die 04:00-bis-08:00-Uhr-Wache, und bis mittags waren dann Überstunden angesagt. Wir waren auf der Reise nach Lattakia, und am 14. November, am Vormittag, gab es im Schiff einen dumpfen Knall, der aus dem Maschinenraum kam. Ich stürzte sofort in den „Keller", denn ich vermutete eine Katastrophe. Der Brennstoffseparator für den Hauptmotor war in die Luft geflogen. Dieser stand im unteren Deck an der Vorkante des Maschinenraumes. Der gesamte Bereich war mit dem heißen Brennstoff verschmutzt, es qualmte, stank, und es war nichts zu erkennen. Es wurde automatischer Feueralarm ausgelöst. Zum Glück hatte sich ein wachhabender Maschinenassistent gerade vom Unglücksort entfernt, und somit gab es keine Verletzten. Nachdem der betroffene Maschinenbereich gereinigt wurde, konnten wir den Umfang des Schadens ermitteln. Der Separator hatte Totalschaden, und somit war für den Hauptmotor die Brennstoffversorgung gestört. Meine Ahnung in der Aalborg-Werft hatte sich bestätigt, die Hutmutter der Vertikalwelle war abgerissen, die Abdeckhaube und das Tellerpaket mit Einsatz waren in den Maschinenraum geschleudert worden. Der Antriebsmotor war unbrauchbar. Die Reederei wurde über diesen Zustand unterrichtet, und wir mußten einen Reparaturhafen anlaufen.

Da der gereinigte Brennstoffvorrat zum Betrieb des Hauptmotors begrenzt war und nur ein Hafen mit einem entsprechenden Service in Frage kam, liefen wir den Hafen Messina auf Sizilien an. Am Abend des 15. November waren wir dort an der Pier fest. Ein Vertreter von Alfa de Laval, dem Hersteller unseres Separators, kam an Bord, und es erfolgte eine Reparaturabsprache. Am 18. November war die Reparatur abgeschlossen, und wir konnten unsere Reise nach Syrien fortsetzen.

In Lattakia waren wir am 22. November, dann ging es nach Beirut und Famagusta, und am 2. Dezember waren wir wieder in Beirut zum Laden für Europa. Am 6. Dezember liefen wir dort aus, und es ging nach Hamburg, wo wir am 20. Dezember eintrafen. Nun ging es um Weihnachten, und wir schafften es gerade noch, daß wir am 23. Dezember am späten Nachmittag in Rostock fest an der Pier lagen. Ich war tatsächlich am Heiligabend bei meiner Familie, und die Freude war sehr groß.

Die Personalabteilung und die Technische Inspektion des Flottenbereiches Mittelmeer, in der Nebenstelle in Wismar, hatten wohl einiges mit mir vor. Man teilte mir mit, daß ich wieder auf das MS „Tollense“ sollte. Wer da nun wieder seine Finger im Spiel hatte, war mir unklar, aber mir war es auch recht so, denn der hiesige Chiefengineer war nicht meine Kragenweite und konnte mir nichts vormachen.

Das Schiff verholte noch am 28. Dezember nach Wismar, ich musterte am 3. Januar 1969 von MS „Weida“ ab und ging endlich in den wohlverdienten Urlaub.

Der politische Entschluß – zurück auf MS „Tollense“

Am 8. März musterte ich wieder auf dem MS „Tollense“ an, und mir wurde klar, wer dabei seine Beziehungen spielen ließ, nämlich mein alter Chiefengineer „Horst“, dieses Schlitzohr, denn er wollte mich unbedingt wiederhaben. Von der Sache her war das auch in Ordnung, denn ich hatte bei meiner Arbeit in allen Belangen freie Hand. Horst war ja auch nicht mehr der Jüngste. Er übertrug mir viele Arbeiten, die nicht in meinen Kompetenzbereich fielen, aber das war mir nur recht. Ich dachte auch an meine Zukunft, denn das kleine Seepatent, das ich hatte, war für mich nicht ausreichend. Also hatte ich mich für ein Fachschulstudium an der Ingenieurhochschule für Seefahrt Warnemünde/Wustrow beworben, um das höchste DDR-Patent C6 zu erwerben. Mein Antrag auf ein Direktstudium wurde erst genehmigt, aber dann doch im Nachgang, aus nicht nachvollziehbaren Gründen, abgelehnt. Horst meinte dazu: „Wenn du kein Mitglied der SED (Sozialistische Einheitspartei Deutschlands) bist, bekommst du Probleme, und Chiefengineer wirst du auch nicht, obgleich du die Fähigkeiten dazu hast.“ Horst war an Bord auch der SED-Parteisekretär, seine Überlegungen waren nach langem Zaudern für mich überzeugend, und ich tat diesen entscheidenden Schritt.

Das MS „Tollense“ sollte in die Werft, und das nach Polen (Stettin) in die Szcecinska Stocznia Remontowa. Von dieser Werft hatte ich nichts Gutes gehört. Mir war das überhaupt nicht recht, aber ich mußte wohl oder übel da durch, und wir alle machten uns auf eine lange Werftzeit gefaßt.

Für die DDR war Polen ein sozialistisches Bruderland. In der Werft gab es wie in der DDR ähnliche Aufrufe zur Planerfüllung, Kampfaufrufe und rote Flaggen. Aber die Zustände in der Werft, die Arbeitsmoral, die Reparaturorganisation und insbesondere die gesamte Sauberkeit, waren für mich erschreckend. In den DDR-Werften gab es ja auch Probleme, aber mit Polen war das kein Vergleich. Mit den Werftarbeitern hatte ich keine großen Schwierigkeiten, und auch mit dem für uns zuständigen Bauleiter, der Deutsch sprach, kam ich gut klar. Man mußte auch die polnische Mentalität verstehen, und die Einstellung zu ihrem Staat war in vielen Dingen mit der DDR vergleichbar. Dazu kam die Mangelwirtschaft, die sich nicht nur auf Waren des täglichen Bedarfes erstreckte, und da halfen auch keine politischen Parolen.

Das Schiff bekam Ladenschluß, also Strom von der Werft, das reichte aber oft nicht aus. Es kam ständig zu einem „Black-out“, und das brachte nicht nur für den Schiffsbetrieb Behinderungen mit sich. Die Kombüse wurde geschlossen, es gab kein Essen mehr an Bord, und wir bekamen Verpflegungsgeld in polnischen Zloty.

Das Wohnen auf dem Schiff war eine Zumutung. Es gab kein Wasser mehr und somit auch keine Toilettenbenutzung an Bord. Die Landeinrichtungen waren eine Katastrophe, und es mußte eine Entscheidung gefällt werden. Ein Großteil der Besatzung, auch der Kapitän war nicht mehr an Bord, denn diese Großreparatur und Erneuerung der DSRK-Klasse (Deutsche Schiffsrevision und Klassifikation) war überwiegend Sache des technischen Personals, mit dem Reparaturinspektor als Chef.

Wir zogen zur Übernachtung in einen sogenannten Yachtclub, der nicht sehr weit von der Werft entfernt war.

In der Nacht waren von uns ständig Sicherheitswachen an Bord, denn es bestand Diebstahl- und Brandgefahr.

Für das Essen mußte jeder für sich sorgen. Das war eine Frage der Organisation und Beziehungen, um sich die notwendigen Lebensmittel zu beschaffen, aber das waren wir ja von der DDR gewöhnt. Die sogenannte Werftkantine war nicht zu akzeptieren, und die kleinen Kioske in der Werft waren ein Notbehelf.

Die Reederei hatte einen kleinen Bus auf der Linie Stettin-Rostock eingesetzt, und der fuhr jedes Wochenende. Somit kaufte ich mir immer in der DDR, was ich brauchte, oder ließ mir etwas mitbringen.

Von der Werft zum Stadtzentrum war es keine große Entfernung. Da wir nun länger in Stettin waren, lernte ich die Stadt besser kennen, und die Nachtbars waren mir ja auch bekannt, und wer es wollte, konnte sich jeden Freitag im Yachtclub amüsieren, denn dort fand dann immer eine Tanzveranstaltung statt. Ein Hindernis war nur, zurück an Bord zu kommen, denn man mußte mit einer kleinen Fähre in die Werft zum Liegeplatz des Schiffes übersetzen. Die Fähre fuhr nur bis 24:00 Uhr und erst wieder zur ersten Schicht um 06:00 Uhr. Wenn man einen erheblichen Preis in Zloty zahlte, war schon etwas machbar, und wenn in Valuta gezahlt wurde, fuhr die Fähre sofort.

Wir lagen auch über vier Tage im Dock, das Unterwasserschiff und auch der Wechselgang wurden komplett entrostet und gemalt. Das Überwasserschiff wurde zum großen Teil von der Decksbesatzung konserviert.

Auch einige Außenhautstahlplatten mußten gewechselt werden; in robuster Arbeitsweise, ohne Rücksicht auf mögliche Gefahren, wurden alte Stahlplatten herausgebrannt, neue eingesetzt und dann per Hand verschweißt. Es kam, wie es kommen mußte, und das betraf ausgerechnet unseren Ersatzteilstore. Durch Brennarbeiten kam es in diesem Raum zu einem Brand. Die Werftfeuerwehr, mit blank geputzten Messingfeuerwehrhelmen, rückte unter großem Krawall an und fing mit zahlreichen Wasserschläuchen an zu löschen. Der Wasserschaden, der bei den zum Teil hochwertigen Ersatzteilen angerichtet wurde, war enorm, und mir tränten ob dieser Profi-Aktion die Augen. Die großen Mengen an Löschwasser liefen in die Maschinenraumbilge und wurden einfach mit Wasserejektoren nach Außenbord in die Oder gepumpt. Von Umweltschutz war in dieser Werft nicht viel zu bemerken.

Es wurden auch Arbeiten am Propeller und an diversen Unterwasserarmaturen durchgeführt. Mit letzteren gab es beim Ausdocken, wegen Mängeln bei der Reparatur, einige Probleme, und das Schiff mußte mehrmals im Dock auf und ab gesenkt werden.

In der Mitte der Werftzeit war mein Chiefengineer Horst auch einige Wochen im Urlaub, aber er hatte Vertrauen zu mir, und ich übernahm die Verantwortung.

Am 30. April 1969 war es dann soweit, wir gingen für zwei Tage auf Probefahrt in die Ostsee und danach mit einer enormen Mängelliste wieder zurück in die Werft. Am 7. Mai, nach fast 60 Tagen, verließen wir trotz einiger Mängel die Werft, und es ging nach Wismar. Ich hoffte inständig, daß ich so eine Werftzeit nicht noch einmal mitmachen müßte, und wir brauchten einige Zeit, um den Normalzustand des Schiffsbetriebes wiederherzustellen.

Wir absolvierten wieder eine Mittelmeerreise ohne besondere Vorkommnisse, wenn man von der vielen Arbeit nach so einer Werftzeit absieht, und liefen die Häfen Amsterdam, Rotterdam, Tripolis, Limassol, Famagusta, Lattakia und Beirut an. Am 2. Juli waren wir in Hamburg und danach wieder in Wismar.

Ich bekam nun tatsächlich auch einmal Sommerurlaub und musterte am 11. Juli 1969 von MS „Tollense“ ab.

MS „Havel“

Nach meinem Urlaub ergab sich wieder eine Veränderung, ich sollte auf ein anderes Schiff. Warum, war mir unklar, ich bekam dazu auch keine Auskunft vom Flottenbereich, und mir war es auch recht, daß ich ein neues Schiff kennenlernte.

Es war das MS „Havel“, ex MV „Ceara“, und am 28. Oktober 1969 musterte ich dort an. Da Schiff wurde von der DDR im kapitalistischen Ausland gekauft und am 4. August 1964 bei der Deutschen Seerederei Rostock in Dienst gestellt.

MS „Havel“ im Hafen von Beirut

Einige Parameter:
Bauwerft: A/S Langesunds Mek. Verkstad, Norwegen,
Baujahr 1958 NR. 41
Länge: 106,5 Meter
Breite: 14,3 Meter
Tiefgang: 7,0 Meter
Deplacement: 7407 Tonnen
Geschwindigkeit: 15,0 Knoten
Hauptmotor: Burmeister & Wain 3410 PS Typ DM 550
VTBF 110/40

Auch auf diesem Schiff gab es keinen Maschinenkontrollraum, die Automation war auf ein Minimum beschränkt, und somit war der Maschinenraum ständig besetzt.

Am 1. November 1969 liefen wir aus Wismar aus, fuhren durch den Nord-Ostsee-Kanal und machten in Ostermoor zur Bebunkerung mit Kraftstoff fest. Nach der Schleuse Brunsbüttel-Koog ging es in die Nordsee nach Antwerpen und Rotterdam. Die Reise führte wieder in das Mittelmeer, und am 16. November waren wir in Tripolis/Libyen.

Hier hatte am 1. September 1969 eine totale politische Umwälzung stattgefunden. Die Monarchie unter König Idris I. war gestürzt, und der neue Machthaber Oberst Muammar al-Gaddafi rief die Arabische Republik Libyen aus. Für die DDR war dieser Umschwung ein Ereignis, das der eigenen Staatsdoktrin entsprach, und am 11. Juni 1973 wurden diplomatische Beziehungen aufgenommen.

Für uns gab es erst keinen Landgang, denn die Lage im Land sollte unsicher sein, aber die Agentur zerstreute diese Bedenken. Im Hafengebiet waren auffällig viele schwerbewaffnete, in Kampfuniform gekleidete Revolutionskämpfer zu sehen, die ständig mit Militärjeeps, auf denen Maschinengewehre montiert waren, durch die Gegend fuhren.

Wir bekamen unseren Landgangspaß. In der Stadt war es für ein arabisches Land sehr ruhig, das Militär war präsent, und von der Bevölkerung war nicht viel zu bemerken. Mir fiel auf, daß nur Beschriftungen in arabischer Sprache zu sehen waren, insbesondere alle Straßen- und Verkehrsschilder waren geändert.

Mein Weg führte zur OEA-Brauerei, das Reklameschild war verschwunden. Der deutsche Braumeister machte einen tieftraurigen Eindruck. Er erzählte, daß die Brauerei geschlossen wird und in Libyen nur noch alkoholfreie Getränke hergestellt und eingeführt werden dürfen. Es gab in der Brauerei nur noch Restbestände an Bier, und die größten Vorräte, einige Tausend Liter, mußten in das Mittelmeer abgelassen werden. Eine Vorstellung, die nicht nur einem Seemann die Haare zu Berge stehen ließ.

Daß Libyen nun eine streng islamische Republik war, wurde uns durch einen Vorfall im Hafen sehr deutlich gemacht. Es war so üblich, daß bei Arbeitsende einige Mitglieder der Besatzung ihr Feierabendbier tranken. Das fand ohne Aufsehen auf dem Achterschiff statt. Unsere Getränkelast war unter Zollverschluß, also handelte es sich bei dem Bier nur um ganz kleine

Mengen. Wir lagen mit einem schwedischen Frachter vis-à-vis, und deren Seeleute tranken ebenso ihr Bier. Plötzlich raste ein Militärjeep heran, und schwerbewaffnete Soldaten stürmten über die Gangway auf das schwedische Schiff.

Es folgte ein lautes Palaver, und dann fielen Schüsse. Wir gingen alle in Deckung und verschwanden in das Schiffsinnere. Wie wir erfuhren, ging es um das Trinken von Alkohol in der Öffentlichkeit. Es waren Warnschüsse aus Maschinenpistolen, und ein Querschläger hatte einen schwedischen Seemann verletzt. Unser Kapitän verbot sofort das Feierabendvergnügen an Deck, und wir sollten uns nur dienstlich dort bewegen. Wir tranken nun unser Bier unter Deck, denn dort sah „Allah" es auch nicht.

Nach fünf Tagen, am 22. November, verließen wir dieses freundliche Land und fuhren nach Beirut, wo wir am 26. November um 04:30 Uhr vor Anker gingen. Es folgte nun ein ständiges Hin-und-her-Fahren zwischen dicht beieinanderliegenden Häfen. In der Zeit vom 26. November bis 12. Dezember liefen wir mehrmals die Häfen Beirut, Famagusta und Lattakia an, dazu die ständigen Einlauf-, Auslauf-, Verhol- und Ankermanöver, und das zu allen Tages- und Nachtzeiten. Das Löschen und Laden von Stückgütern und Fahrzeugen verlangte der Besatzung einiges ab und artete in Streß aus.

Nun ging es endlich auf Heimreise. Der erste Hafen sollte Hamburg sein, wir mußten uns beeilen, ansonsten wären wir Weihnachten auf See. Tatsächlich waren wir am 24. Dezember um 02:30 Uhr im Segelschiffhafen fest an der Pier. Für mich gab es eine freudige Mitteilung, ich bekam Ablösung und konnte nach Hause fahren. Mit noch einigen Besatzungsmitgliedern, die auch Familienväter waren, fuhren wir mit der Deutschen Bundesbahn nach Rostock.

Von Hamburg bis zur DDR-Grenze verlief alles reibungslos.

Mit der Einfahrt des Zuges in den DDR-Grenzbahnhof begann die Tortur der Paßkontrolle und Durchsuchung durch die Zollbehörden. Dazu stand der Zug zwischen Stacheldrahtzäunen, ringsherum wurde der Zug von den Behörden mit Schäferhunden kontrolliert. Bei uns Seeleuten waren die Kontrollen nicht so intensiv wie bei den einreisenden Bundesbürgern, die mokierten sich natürlich über solche Behandlungsweise. Das war mir alles sehr peinlich, dieser erste Eindruck von der DDR war für das Renommee dieses Staates nicht vorteilhaft. Bis zur DDR-Grenze wurde unsere Fahrkarte in Westmark bezahlt, für die Strecke nach Rostock mußten wir nun in Ostmark bezahlen. Am späten Nachmittag war ich endlich zu Hause, ich wurde sehnsüchtig erwartet, Uschi hatte mit viel Arbeit und Liebe das Weihnachtsfest vorbereitet.

Es trat nun ein Ereignis ein, das mich stark erschütterte: Mein Bruder lag im Krankenhaus mit Verdacht auf Krebs. Der behandelnde Arzt teilte mir mit, ich könnte beruhigt wieder zur See fahren, es würde alles Notwendige getan, um die Gesundheit wiederherzustellen. Ich Trottel habe das auch geglaubt.

Mein Schiff war am 6. Januar 1970 wieder in Wismar, und ich mußte zurück an Bord.

Nun gab es für mich eine berufliche große Veränderung, die Reederei beförderte mich zum Chiefengineer (Leitender Technischer Offizier). Damit hatte ich noch nicht gerechnet, mein Wunschziel war nun in Erfüllung gegangen. Ich wurde in dieser Funktion am 13. Januar 1970 auf dem MS „Havel" gemustert.

Am 14. Januar liefen wir aus, das Schiff war inzwischen voll beladen und bebunkert worden. Es ging direkt nach Tripolis/Libyen. Verwundert war ich, daß das Schiff nicht durch den Nord-Ostsee-Kanal ging und wir keinen anderen Kontinenthafen hatten. Wir fuhren also via Skagen um Dänemark herum.

Das konnte nur bedeuten, wir hatten eine besondere Ladung an Bord, also Militärmaterial. In den Ladungspapieren stand davon natürlich nichts, und der Kapitän war zur Verschwiegenheit verpflichtet. Die DDR hatte inzwischen wohl eine besondere Beziehung zu Muammar al-Gaddafi aufgebaut. Am 23. Januar waren wir in Tripolis, wurden bevorzugt behandelt und fuhren weiter nach Benghazi, ebenfalls in Libyen, wo wir am 26. Januar eintrafen.

Der Kapitän hatte Telegramme bekommen, die mich betrafen. Er versuchte mir nun schonend beizubringen, daß mein Bruder am 27. Januar verstorben sei und er die Anweisung habe, mich per Flugzeug zurück nach Deutschland zu schicken. Der Schock traf mich tief, und ich brauchte einige Zeit, um das zu verarbeiten.

Das Schiff sollte auslaufen, und ich ging am 28. Januar in Benghazi in ein Hotel. Ich war in Gedanken zu Hause, und mir war auch dieses Hotel und das fürchterliche Hotelzimmer egal. Das war auf das primitivste ausgestattet, mit einem wackligen Tisch und Stuhl, ein hartes Bett mit benutzter Wäsche, eine Glühlampe mit Kabel baumelte von der Decke, aber eine Dusche mit einem Wasserhahn. Im Hotel waren die Araber sehr zuvorkommend.

Von Benghazi gingen keine internationalen Flüge, ich mußte mit einer Caravelle am 29. Januar um 09:15 Uhr nach Tripolis fliegen und kam dort um 10:25 Uhr an. Um 11:15 Uhr flog ich dann mit einer Douglas DC9 nach Rom und landete dort um 13:45 Uhr. Hier gab es wieder Ärger mit meinem Seefahrtsbuch, denn ich hatte kein Visa und keinen Reisepaß.

Aber nach einigem Palaver durfte ich um 15:30 Uhr nach München weiterfliegen. Der Kapitän hatte für mich kein Reisegeld, so mußte ich mit meinen 100 DM West zurechtkommen, das war natürlich ein Risiko.

In München mußte ich in den Inlandflugverkehr, um nach West-Berlin zu kommen. Für die Behörden in Bayern war ich als DDR-Seemann, dazu noch aus Libyen kommend, mit einem Seefahrtsbuch reisend, ein Novum, und mit Gaudi ließ man mich weiterfliegen. Auf dem Flughafen Tempelhof angekommen, mußte ich nun zusehen, wie ich nach Ost-Berlin komme. Am Informationsschalter sagte mir jemand, ich sei doch so jung und solle lieber im Westen bleiben. Ich landete dann in der Friedrichstraße und wurde von den DDR-Behörden professionell gecheckt.

Die hatten wohl nicht verstanden, daß ich in die DDR zurückwollte, und das dauerte dann auch Stunden, bis ich einreisen durfte. Es war nun schon nach 22:00 Uhr, ich war nun im Ostbahnhof, hier gab es nichts mehr zu essen und nur für Reisende mit Fahrkarte ein offenes fades Getränk.

Glücklicherweise erreichte ich noch einen Zug nach Rostock und war am Morgen des 30. Januars endlich zu Hause.

Nach schwerer Krankheit verstarb am 27. Januar 1970 der Leiter unserer Außenstelle in Havanna (Kuba), unser Genosse

Wolfgang Stielow

im Alter von 35 Jahren.

Wir verlieren in ihm einen klassenbewußten Genossen und erfahrenen Mitarbeiter, der seine ganze Kraft zum Wohle des Betriebes und unserer sozialistischen Gesellschaft einsetzte.

Wir werden dem Verstorbenen stets ein ehrendes Andenken bewahren.

VEB Deutsche Seereederei
Rostock

Generaldirektor **Gewerkschaftsleitung**
Polit-Abteilung

Die Trauerfeier findet am 2. Februar 1970 um 14.45 Uhr im Krematorium, Neuer Friedhof, statt.

Es war absolut kein freudiger Anlaß, daß ich nach so kurzer Zeit wieder zu Hause war, aber meine Familie war darüber doch froh, und insbesondere meine Mutter brauchte Trost und Hilfe.

Mein Bruder hatte an der SED-Parteihochschule in Potsdam-Babelsberg studiert und hatte einen Abschluß als Diplom-Staatswissenschaftler. Das Studium bestand er mit „Sehr gut“ und wurde sogar im „Goldenen Ehrenbuch“ eingetragen. Auch ursächlich durch mein in der Seefahrt gewonnenes Weltbild, war ich in politischen Dingen nicht konform mit seinen kommunistischen Ansichten. Seine Intelligenz hatte mich schon immer sehr beeindruckt, insbesondere sein Sprachtalent. Ihm fiel das Lernen leicht, wogegen ich mir alles hart erarbeiten mußte. Er sprach Russisch mit Moskauer Dialekt, Englisch und als Reedereivertreter in Kuba auch Spanisch. Er war ein sehr lebenslustiger Mann, hatte Familie und hatte diplomatisches Geschick im Auftreten. In Kuba war er mit Raul Castro bekannt und hatte auch Einfluß in der DDR-Botschaft.

Mein Bruder wurde mit militärischen Ehren, er war auch Offizier der Nationalen Volksarmee, beerdigt. Von Kuba kam auch ein Staatstelegramm.

Wie ich erfuhr, war der behandelnde Arzt nicht mehr im Krankenhaus beschäftigt, und mein Vertrauen zu den Ärzten war auf dem Nullpunkt.

Ich mußte wieder zurück auf mein Schiff, und das sollte in Alexandria liegen. Von Ost-Berlin gab es eine Direktverbindung nach Kairo. Am 5. Februar flog ich um 12:45 Uhr ab und landete um 17:30 Uhr in Kairo.

Ich war im Transitraum, und unser Reedereivertreter in Ägypten rief von außerhalb mir zu, das Schiff sei nicht in Alexandria, und ich solle nach Beirut weiterfliegen. Sehr erfreulich, denn meine Flugverbindung gab es erst für den nächsten Tag, und ich mußte in diesem arabischen Gewimmel meine Zeit verbringen. Am 6. Februar um 01:30 Uhr flog ich nach Beirut und kam dort um 03:00 Uhr an. Nun mußte ich aus dem Transitraum heraus, hatte kein Visum für den Libanon und nur wieder mein Seefahrtsbuch. Nach längeren Erklärungen bei der Immigration, unter Zuhilfenahme von diskret im Seefahrtsbuch liegenden fünf englischen Pfund, bekam ich 24 Stunden Aufenthalt im Libanon. Es war niemand da, der mich abholte, aber ich war ja schon oft in Beirut gewesen. Also ein Taxi und ab in das Hotel ASTRA, ich mußte erst einmal schlafen. Am Vormittag rief ich unseren Reedereivertreter an, der holte mich dann ab, und ich zog in das Hotel ALCAZAR, das andere war zu teuer, aber mir hatte es gefallen. Am 8. Februar war auch das Schiff in Beirut, und ich ging an Bord.

Ich war nun gerade Chiefengineer geworden und mußte mich in allen Dingen in meinem neuen Aufgabenbereich zurechtfinden. Das war eine neue Herausforderung, und ich hoffte, daß dieses nun erreichte Wunschziel in meinem weiteren Leben auch meinen Erwartungen entsprach.

Am 10. Februar 1970 liefen wir aus Beirut aus, es folgten die Häfen Famagusta und Limassol auf Zypern. Von dort fuhren wir dann am 14. Februar um 17:00 Uhr nach Alexandria, wo wir am nächsten Tag um 12:00 Uhr vor Anker gingen. Die Reede und der Hafen waren mit Schiffen überfüllt, und was die Hafenbehörden mit uns vorhatten, war unergründlich, denn wir mußten noch zweimal den Ankerplatz wechseln.

Leitender Techn. Offizier

291.000.0
Verkehrswesen
(Handelsflotte)

Nr. der Systematik der Ausbildungsberufe:
2)

Heuergruppe:
1)

Tätigkeit:
Leitet den technischen Dienstbereich und ist der technische Berater des Kapitäns. Hat den reibungslosen Einsatz der technischen Anlagen zu organisieren. Führt die technische Dokumentation und leitet den komplexen Schiffsbetriebsdienst. Überwacht die rechtzeitige Bestellung, Übernahme und Lagerung der für die Reise erforderlichen Verbrauchsstoffe, Reserveteile und Ausrüstungsgegenstände. Führt die Reparatur- und Ersatzteilplanung für alle Anlagen durch. Wird bei betrieblichen Erfordernissen in den Wachdienst einbezogen.

Verantwortung:
Ist verantwortlich für die technische Einsatzbereitschaft des Schiffes sowie für die gesamten Werterhaltungsarbeiten und für die Qualifizierung der ihm unterstellten Besatzungsmitglieder. Ist verantwortlich für die Entwicklung des Neuererwesens, für die ständige Einhaltung und Verbesserung des Arbeitsschutzes, der Sicherheitsbestimmungen und für den ordnungsgemäßen Arbeitsablauf in seinem Bereich.

Erforderliche Qualifikation:
Weist den entsprechenden Hoch-, Fachschul- oder Meisterabschluß nach und besitzt das lt. Seeschiffsbesetzungsordnung erforderliche Befähigungszeugnis einschließlich der Qualifikationsnachweise. Verfügt über englische und russische Sprachkenntnisse entsprechend den Ausbildungsdokumenten. Hat umfangreiche Kenntnisse auf dem Gebiet der Treib- und Schmierstoffe, der BMSR-Technik, der Kühl- und Hydraulikanlagen. Hat mehrjährige praktische Erfahrungen im technischen Bereich.

1) Auf Schiffen:		Auf Aut-Schiffen:
bis 1000 tdw	H 23	H 24
1001 - 3000 tdw in der "Kleinen Fahrt"	H 25	H 26
3001 - 5000 tdw in der "Kleinen Fahrt"	H 28	H 29
5001 - 10000 tdw in der "Kleinen Fahrt"	H 30	H 31
über 10000 tdw in der "Ostseefahrt"	H 32	H 33
1001 - 3000 tdw	H 27	H 28
3001 - 5000 tdw	H 30	H 31
5001 - 7000 tdw und auf Schwergut-Spezialschiffen bis 7000 tdw	H 32	H 33

Am 20. Februar war es soweit, wir liefen um 12:00Uhr ein und waren um 13:00 Uhr an der Pier fest.

Es hatte sich offensichtlich immer noch nicht viel geändert, der Dreck im Hafen war nicht zu übersehen, die Angst und Wut auf die Israelis war auch noch vorhanden. Immer noch wurden Sprengladungen, gegen Froschmänner, zu allen Tageszeiten in die Hafenbecken geworfen. Nun gab es aber eine erfreuliche Mitteilung von unserer Agentur, es war möglich eine Tour nach Kairo und zu den Pyramiden nach Gizeh durchzuführen. Ich war ja schon vor etwa vier Jahren in Kairo gewesen, aber ich nahm diese Chance wahr, und wir fuhren mit klapprigen Pkws in einer abenteuerlichen Fahrt nach Kairo.

Zuerst besichtigten wir das beeindruckende Nationalmuseum, aber hier mußte man Zeit haben, die Vielzahl der Objekte aus allen Epochen war einfach umwerfend. Dann ging es zur großen und berühmten Alabaster-Moschee, wir durften sogar hinein, aber natürlich ohne Schuhe, und die waren sogar nach der Besichtigung noch da.

Nun fuhren wir weiter nach Gizeh und kamen zu dem staubigen Touristenparkplatz vor den Pyramiden. Der Planet stand senkrecht über uns, es war fürchterlich warm, und mich plagte der Durst.

Gizeh – Asphaltstraße vom Parkplatz zu den Pyramiden

Wir hatten am Tag vorher noch einen Geburtstag gefeiert, ich hatte noch Nachwehen, aber mit einem Eiskaffee vorgesorgt. Ich schraubte meine Thermoskanne auf, der Duft von Kaffee schlug mir entgegen, aber es war kein Eiskaffee, denn ich hatte in meinem Brausebrand den warmen Kaffee eingefüllt. Alles lachte, wir hatten unseren Spaß, aber ich noch immer Durst, und eine arabische Getränkebude war hier nicht in Sicht. Also gingen wir die fürchterliche staubige Asphaltstraße zu den Pyramiden hoch. Ich sah einen arabischen Jungen mit so etwas wie einem kleinen Getränkestand, der eine rote Coca-Cola-Kiste war und sogar einen Sonnenschirm hatte. Der Junge erkannte wohl meinen Zustand, witterte ein Geschäft und sagte: „Cola, Sir?“, ich hauchte nur: „Yes.“ Es waren dann zwei Flaschen eiskalte „Coca-Cola“, mir ging es besser, ich hatte einen hohen Touristenpreis gezahlt und wurde mit einem freundlichen arabischen Grinsen verabschiedet.

Jetzt ging es auf zu den Pyramiden, aber man mußte sich nun die aufdringlichen Souvenirhändler und Anbieter für Kamel- und Pferderitte vom Hals halten.

Das Schaukeln auf einem Kamel hätte ich wohl nicht durchgestanden, denn das Schaukeln auf See reichte ja auch, und ein Pferderitt in die Wüste war auch nicht mein Fall. Außerdem verlangten die Kameltreiber fürstliche Preise, und das Geld dafür hatte ich nicht.

Die imposanten Pyramiden, die einzigen erhaltenen der sieben Weltwunder der Antike, waren nicht nur für mich bewundernswert, vor allem diese technische Bauleistung. Wobei die Cheops-Pyramide, ursprünglich 146,6 Meter hoch, mit drei Millionen Steinblöcken (ein Steinblock mit einem Gewicht von 2,5 Tonnen) einem Respekt einflößt.

Wie haben die Menschen das bloß bewerkstelligt? Dazu gibt es ja sehr unterschiedliche Theorien.

Die 73 Meter lange Skulptur der Sphinx, der von Napoleon, im Ägyptenfeldzug 1798–1799, angeblich die Nase abgeschossen wurde, war ebenso imposant wie auch die kleineren Chephren- und Mykerinos-Pyramiden. Wir gingen nun durch die Hitze zur Cheops-Pyramide und wollten uns die im Inneren befindliche Königsgrabkammer ansehen.

Am Eingang des Ganges zur Königsgrabkammer stauten sich die Touristenscharen, und wir mußten kurze Zeit warten, dann ging es steil in einem niedrigen Gang in die Höhe der Pyramide. Es war eine stickige Luft durch die Menschenmassen, und als wir die Grabkammer endlich erreichten, gab es auch nicht viel zu sehen, dazu mußte man in das Nationalmuseum.

Nach dieser anstrengenden Grabkammerbesichtigung machten wir uns auf den ebenso mühsamen Rückweg, kamen durch die Hitze gestreßt wieder bei den Kameltreibern an und anschließend zu unserem Parkplatz.

Die etwa 15 Kilometer lange Fahrt von Gizeh nach Kairo und dann durch diese hektische Stadt ist für einen europäischen Autofahrer eine Unmöglichkeit, aber unser arabischer Fahrer meisterte das hervorragend, und auch die Rückfahrt nach Alexandria verlief, „Inschallah", bestens. Spät am Abend waren wir dann total erschöpft wieder an Bord.

Nach etwa fünf Tagen Hafenliegezeit verließen wir am 25. Februar 1970 Alexandria und fuhren zu unserem Ladehafen Souda Bay auf Kreta.

Dieser Hafen ist eine Marinebasis und hatte besondere Vorschriften. Unsere gesamte Funkanlage und der Funkraum wurden bereits beim Anlaufen des Hafens versiegelt. Das Schiff hatte noch einen Funkoffizier, der war nun arbeitslos, und Kontakte zur Reederei oder private waren nur von Land möglich. Von hier aus ging es am 27. Februar direkt nach Wismar, wo wir am 9. März eintrafen. Ich bekam einige Tage frei und konnte tatsächlich meinen Geburtstag zu Hause feiern.

Mitreise Uschi und wieder zurück auf MS „Tollense"

Nun ergab sich für mich schon wieder ein Schiffswechsel, ich sollte zurück auf die MS „Tollense". Der Grund war, meinem ehemaligen Chiefengineer Horst war dieser Job für sein Alter zu stressig. Er wollte Politoffizier werden, und sein Wunsch war, mir das Schiff zu übergeben. Nun, das machte mir nichts aus, da auch noch meiner Uschi die beantragte Mitreise genehmigt wurde, und so verließen wir am 22. März 1970 die DDR.

Von Wismar aus fuhren wir gegen 09:00 Uhr zum Nord-Ostsee-Kanal, und um 16:00 Uhr waren wir fest in der Schleuse Kiel-Holtenau. Dann waren wir um 23:46 Uhr in der Schleuse von Brunsbüttel-Koog, und die Kanalpassage endete am 23. März um 03:35 Uhr mit Abgabe des Lotsen. Der Hauptmotor hatte Probleme, ein Einspritzventil war defekt, das Schiff mußte um 04:22 Uhr vor Anker gehen. Ein Reserveventil wurde im Zylinder Nummer 1 montiert, und um 04:43 Uhr wurde die Reise nach Rotterdam fortgesetzt. Der Lotse kam dort um 22:30 Uhr an Bord, und am 24. März um 01:11 Uhr waren wir fest an der Pier. Hier lagen wir nun über fünf Tage, hatten somit reichlich Zeit für Landgänge. Uschi kam langsam damit zurecht, daß sie an Bord und wieder im Ausland war. Vorteilhaft für sie war nun auch, daß ich als Chiefengineer eine größere, wohnlichere Kabine hatte und somit ihre Mitreise angenehmer wurde. Nach Rotterdam waren wir noch für drei Tage in Antwerpen, dann ging die Reise in das Mittelmeer mit den Löschhäfen Tripolis und Benghazi in Libyen.

Uschi sah nun auch die neuen Verhältnisse in Libyen, mit dem Regime von Gaddafi. Es gab für Mitreisende auch Landgang, wobei sie ihren „Shore Leave Pass" als zur Besatzung zählende Sekretärin bekam. Der DDR-Reisepaß wurde in fast allen Staaten, insbesondere kapitalistischen, nicht akzeptiert, eventuell wenn man ein Visum hatte. Bei mitreisenden Ehefrauen waren die meisten Behörden kulant und gewährten den Landgang, hier auch in Libyen. Das war natürlich in der DDR bekannt, es konnten Nichtseeleute mit einem Seefahrtsbuch ohne größere Probleme in die Welt geschickt werden. Nicht nur die DDR-Staatssicherheit nutzte diese Möglichkeit, um in andere Staaten einreisen zu können.

Urlaub auf See

Nach etwa acht Tagen verließen wir Libyen und fuhren nach Griechenland. Dort lagen wir in den Häfen Piräus und Saloniki nur für kurze Zeit, aber für einige Landgänge reichte es aus. In Piräus nahmen wir uns die Zeit, mit der S-Bahn nach Athen zu fahren, um unter anderem auch die Akropolis zu besuchen.

Uschi in Athen – Akropolis

Wachablösung am Regierungspalast in Athen

Uschi in Athen auf der Akropolis – Die Sonne brennt und meine armen Füße

Unser lieber kl. Maik! 21.4.70 Wir schreiben bald wieder! Dein Vati u. Deine Mutti!
Wir schicken Dir heute ganz liebe Grüße von Piräus. Das S'd
land heißt Griechenland. Hier ist es sehr schön warm,
Wie Du auf dem Bild siehst, trägt Deine Mutti schon ein
Sommerkleid u. hat eine Sonnenbrille auf der Nase. Diese
Karte darfst Du behalten u. bewahrst sie schön auf.
Mutti u. Vati geben Dir einen lieben Kuß, Tante Lotti
hat uns geschrieben, daß Du ganz lieb bist, Das stimmt
doch? Oder fällst Du immer noch in die „Gotter"? Wenn
Du weiterhin gehorchst bekommst Du für die Schule,
(Du bist ja nun schon groß!) einen neuen schönen
Anorak, den haben wir für Dich in Antwerpen ge-
kauft, Papa u. Mutti hoffen, daß es Dir Spaß macht,
von uns Post zu bekommen. Bestelle Fr. Hecht einen schönen Gruß v. mir.

Postkarte an unseren Sohn

Von Saloniki aus fuhren wir dann am 23. April durch die Dardanellen nach Istanbul und machten dort auf der asiatischen Seite an einer Pier fest. Von hier aus gab es eine gute Fährverbindung zu den Fähranlegern am Goldenen Horn. Uschi wollte in den großen Bazar, insbesondere in den Goldbazar, dafür reichte die kurze Liegezeit.

Wir fuhren zurück nach Griechenland, mit einem kurzen Aufenthalt in den Häfen Kalamata und Souda Bay. Dann ging es weiter nach Heraklion auf Kreta, und hier wollten wir nach Knossos mit dem sagenumwobenen Palast des Königs Minos. Mit einem Pkw unserer Agentur fuhren wir dorthin und stürzten uns in den Touristentrubel. Es war natürlich sehr eindrucksvoll, eine gewisse Vorstellungskraft und die Kenntnisse der minoischen Zeit mußte man mitbringen, aber die zahlreichen westdeutschen Touristen, die hier lautstark auftraten, waren darüber sicherlich gut informiert.

Für eine Stadtbesichtigung Heraklions reichte unsere Zeit auch noch, und am 2. Mai fuhr unser Schiff zu einem kurzen Ladestopp nach Sitia, ebenfalls auf Kreta. Nun ging es für sechs Tage nach Famagusta auf Zypern, wo wir Orangen für Hamburg laden sollten. Von der Agentur wurde eine Besichtigung von Orangenplantagen und einer Fabrik, die den Export der Früchte vorbereitet, organisiert. Die Stadt war sehr groß, mit dem typischen griechischen Flair, und lud zum Bummeln ein. Auch der Badestrand, der in der Nähe unseres Schiffes war, wurde von uns oft besucht. Eine abendliche Einladung unserer Agentur zu einem griechischen Essen war, insbesondere für Uschi, ein schönes Erlebnis.

Es ging nun auf „Heimreise". Das Mittelmeer war ruhig, sogar die berüchtigte Biskaya hatte eine Einsicht mit Uschi, und wir waren dann auch schnell in Hamburg. Es begann für uns der Streß des Einkaufens, das war hier im Westen für Uschi nicht einfach. Kleine Geschenke, als Dankeschön für die „Lieben" daheim, sollten es sein.

Am 23. Mai 1970 waren wir wieder in Wismar, Uschi hatte es eilig, zu unserem Sohn zu kommen, aber ich mußte noch an Bord bleiben.

Schiffswechsel – Wieder auf MS „Havel"

Von der Reederei bekam ich die Mitteilung, ich sollte erneut das Schiff wechseln und wieder zurück auf das MS „Havel". Das war mir eigentlich egal, aber das Schiff sollte in die Werft nach Stettin, und das paßte mir überhaupt nicht.

Ich bekam einige Tage frei und konnte zu meiner Familie.

Am 12. Juni 1970 liefen wir nach Stettin aus. Es sollten dort einige Reparaturen und notwendige Erneuerungen der Schiffsklassifikation durchgeführt werden. Hier in der Werft, Szcecinska Stocznia Remontowa, hatte sich offensichtlich nicht sehr viel verändert, und ich traf sogar alte Bekannte wieder. Das organisierte Chaos brachte mich fast zur Verzweiflung, und daß nach den Reparaturmaßnahmen alles wieder einigermaßen lief, das grenzte für mich manchmal an ein Wunder. Ein Wunder war auch, daß ich die Explosion eines Dampfventiles überlebte. Am 30. Juni liefen wir aus der Werft nach Wismar aus. Der Lotse ging nach Ablaufen in Stettin von Bord, und ich kontrollierte die Kesselanlage. Plötzlich gab es einen Knall, ein großes Dampfventil explodierte, und im Maschinenraum konnte man nichts mehr erkennen. An der Vorderseite meines Körpers hatte ich starke Dampfverbrennungen. Da ich meine Hände reaktionsschnell vor die Augen gehalten hatte, behielt ich mein Augenlicht.

Die Verletzungen im Gesicht waren nicht so schlimm. Unser 2. Nautischer Offizier, der die auf unseren Schiffen geforderte medizinische Ausbildung hatte, behandelte mich sofort. Ich bin diesem Seemann für seine schnelle und erfolgreiche Behandlung noch heute sehr dankbar.

In Wismar stellte sich nach einem technischen Gutachten heraus, daß uns vom Material her ein falsches Dampfventil eingebaut wurde.

Nach dem Einlaufen in Wismar erfolgte eine Dienstbesprechung mit dem zuständigen Reparaturinspektor unserer Reederei. Dieser meinte zum Sachverhalt: „Da hast du ja Glück gehabt, daß der Sack dran ist." Das war zu viel für mich, ich packte ihn am Schlips und holte zum Schlag aus. Die anderen Anwesenden stürzten sich auf mich und versuchten, mich zu beruhigen. Es kam dann von seiner Seite eine Entschuldigung. Für mich traf immer die norddeutsche Einstellung zu: „Wir sind nicht nachtragend, aber wir vergessen auch nichts", und das spürte dieser Herr auch.

Meine Uschi war über meinen Zustand entsetzt und forderte, daß ich mich sofort krank melden sollte. Aber ich sah das alles nicht so eng, nach ärztlicher Behandlung und mit meinem „Dickkopf" ging ich am 5. Juli wieder auf Mittelmeerreise.

Da wir eine besondere Ladung für Alexandria an Bord hatten, fuhren wir um Dänemark via Skagen herum und waren am 17. Juli in Ägypten. Für fast fünf Tage lagen wir auf der Innenreede auf Warteposition. Als wir an der Pier waren, ging das Löschen sowie Laden (Baumwolle) verhältnismäßig schnell, und wir liefen am 2. August nach Europa aus.

Am 12. August waren wir für zwei Tage in Bremen und dann für fünf Tage in Malmö. Es war eine schnelle Reise, am 21. August war das Schiff wieder in Wismar, und ich konnte für einige Tage bei meiner Familie sein.

Am 2. September ging es wieder in Richtung Mittelmeer. Wir liefen dann am 8. September für einige Stunden Gibraltar an, um dort 289,5 Tonnen Marine Diesel Fuel für unseren Hauptmotor zu bunkern. Es erwartete uns nun unser sozialistisches Bruderland Albanien. Dort im Hafen Durres lagen wir, Gott sei Dank, nur für drei Tage zum Löschen. Unsere Reise führte uns nun nach Alexandria, wo wir dann am 18. September auf Reede eintrafen und zwei Tage später an der Pier lagen. In der DDR hatte der Kapitän seine Instruktionen für Ägypten bekommen, es sei mit Fliegeralarm zu rechnen, und der Hauptmotor mußte ständig auf „Stand-by" sein. In Ägypten war ein tragisches Ereignis eingetreten, ihr geliebter Präsident Gamal Abdel Nasser war verstorben. Im Hafen wurde nicht gearbeitet, die sonst so hektische Stadt Alexandria war total ruhig, fast menschenleer, und viele Einwohner wollten nach Kairo. Nach 16 Tagen Hafenliegezeit verließen wir am 3. Oktober Alexandria in Richtung Europa. Am 14. Oktober übernahmen wir um 00:45 Uhr in der Nordsee den Lotsen, fuhren durch den Nord-Ostsee-Kanal und machten um 09:50 Uhr in Rendsburg fest. Wir löschten Expeller, der war auch für den nächsten Hafen Flensburg bestimmt, wo wir über vier Tage lagen.

In Flensburg waren wir über das Wochenende, hier ergab es sich, daß wir gegen eine Mannschaft der Bommerlunder-Rum-Fabrik Fußball spielten. Es war ein gelungenes Spiel zwischen Ost und West, es kam hier nicht auf das Ergebnis an. Nach dem Spiel gab es ein gemütliches Beisammensein, und am nächsten Tag wurden wir zur Besichtigung der Fabrik eingeladen.

Als wir wieder am 21. Oktober in Wismar waren, wurden wir wegen des nicht genehmigten Deutschland-Treffens von den Landinstitutionen der SED und Inspektion scharf angegriffen. Aber unser Kapitän „Hannes“ brachte das mit seiner robusten Art und seinen Beziehungen wieder in Ordnung.

Mt. Olympos (1951 Meter), „Chief“ und das „Auge“ der NATO

Es sollte eine kurze Hafenliegezeit werden, ich hatte fast keine Zeit für meine Familie, denn das Schiff lief am 27. Oktober nach Kiel aus. Hier wurde eine notwendige Reparatur am Hauptmotor durch die Firma Metalock durchgeführt, in der DDR gab es die erforderliche Reparaturkapazität nicht!

In kürzester Zeit wurden bei einer Station der Kolben mit Zylinderlaufbuchse gewechselt und eine Standprobe durchgeführt.

Am 1. November fuhren wir dann durch den Nord-Ostsee-Kanal, mußten aber nach Passieren der Schleuse Brunsbüttel-Koog wegen Sturm in der Nordsee um 04:58 Uhr vor Anker gehen. Nach fast einem Tag hatte sich das Wetter etwas beruhigt, wir setzten unsere Reise nach Libyen fort und kamen am 10. November in Tripolis an. Hier lagen wir nur drei Tage, und dann folgten die Häfen Beirut, Lattakia und Limassol auf Zypern.

Nun gab es hier auf Zypern für die Interessierten der Besatzung eine von der Agentur organisierte Exkursion durch die schöne Insel.

Im Troodos-Gebirge (3. Officer, Chiefengineer, 2. Engineer)

Die Exkursion führte uns durch einige Bergdörfer, zum Kloster Kykko im Troodos, nach Pafos, Nikosia mit dem Erzbischöflichen Palast, auch einen Badestop bei dem Felsen der Aphrodite sowie ein typisches griechisches Essen gab es.

Am 21. November verließen wir Limassol, fuhren nach Mersin in der Türkei und zum Laden von Orangen nach Famagusta. Unsere „Heimreise" begann am 28. November mit den Löschhäfen Rotterdam, Hamburg und Aalborg. Dort liefen wir am 15. Dezember aus und waren am nächsten Tag in Wismar.

Wieder wurde es eine kurze Hafenliegezeit, mit einem kurzen Sehen der Familie und der Gewißheit, daß ich Weihnachten auf See bzw. im Ausland bin. Wir liefen am 21. Dezember aus, fuhren durch den Nord-Ostsee-Kanal und bunkerten für die Reise Kraftstoff an der Bunkerstation Ostermoor. Nach der Passage der Schleuse Brunsbüttel-Koog fuhren wir bei schlechtem Wetter durch die Nordsee und kamen am 23. Dezember vor Rotterdam an. Unser Liegeplatz war nicht frei, deshalb gingen wir um 13:15 Uhr vor Anker. Um 22:34 Uhr war der Lotse wieder an Bord, und am 24. Dezember um 01:54 Uhr lagen wir im Beatrixhaven an der Pier.

So waren wir an Heiligabend in Holland, und das Seemannsheim kümmerte sich um die im Hafen liegenden Schiffe mit ihren Besatzungen. Auch an Bord gab es für alle Seeleute die normale Weihnachtsfeier. Am nächsten Tag mußten wir noch in den Waalhaven verholen, aber das dauerte nur drei Stunden. Im Hafen wurde nicht sehr viel gearbeitet, so liefen wir erst am 31. Dezember um 02:15 Uhr nach Antwerpen aus und waren dort um 15:38 Uhr an der Pier. Diese stressige Reise von Rotterdam nach Antwerpen ist eine einzige Revierfahrt mit Schleusenpassage, und wir waren alle froh, daß wir Silvester doch noch im Hafen lagen. Die gesamte Besatzung feierte feuchtfröhlich an Bord, und man war in Gedanken in der Heimat. Im Hafen Antwerpen wurde in dieser Zeit auch nicht viel gearbeitet. Ich hatte ein Problem mit dem Hauptmotor, es mußte ein Kolben von der Station Nummer 3 gezogen werden, denn in der DDR war dafür keine Zeit! Die Arbeit wurde von der Schiffswerft MERCANTILE an einem Tag durchgeführt, es gab auch keine Behinderung des Ladebetriebes.

Am 6. Januar 1971 liefen wir aus, der erste Hafen sollte Tripolis in Libyen sein. Kurz vor Gibraltar, am 11. Januar, kam es zu einem Unfall im Maschinenraum. Ein Motorenhelfer öffnete ein Eckventil am Abgaskessel, der Kesseldruck betrug 2,5 bar, das Gehäuse des Ventils riß in mehrere Einzelteile und flog durch den Maschinenraum. Der Maschinenraum war mit Dampf eingenebelt. Der Mann hatte schwere Verbrennungen. Ich verfluchte die polnische Schiffswerft, die das Ventil überholt hatte. Der Mann mußte in ein Hospital, und das bedeutete „volle Kraft", mit allem, was der Hauptmotor hergab, ging es nach Gibraltar. Dort kam sofort ein Arzt mit einem Motorboot auf Reede und holte unseren Verletzten ab.

In Tripolis waren wir am 15. Januar und lagen dort für vier Tage zum Löschen der Teilladung. Die nächsten Häfen waren Famagusta, Beirut und Mersin in der Türkei. Am 2. Februar waren wir erneut in Famagusta und luden dort Orangen für Rotterdam, Hamburg und Kolding in Dänemark. Auf der Heimreise machten wir in Gibraltar einen Zwischenstop und holten unseren genesenen Motorenhelfer wieder ab.

Am 23. Februar waren wir wieder in Wismar, ich sollte endlich Urlaub bekommen, aber es gab noch keine Vertretung. Die Inspektion versprach mir, daß ich in Hamburg abgelöst werde. Also lief ich am 28. Februar mit nach Hamburg aus. Tatsächlich wurde ich am 4. März abgelöst, fuhr mit der Bahn und mußte mir eine der üblen Kontrollen durch den DDR-Zoll an der Grenze gefallen lassen. Eine Zöllnerin, natürlich in Uniform und mit blanken Schulterstücken, kontrollierte sehr gründlich mein Gepäck.

Es wurde alles total durchwühlt. Noch blieb ich ruhig, aber als sie nun anfangen wollte, die Briefe meiner Uschi zu lesen, da rastete ich aus. Lautstark verlangte ich ihren Vorgesetzten und riß ihr die Briefe aus der Hand. Durch meinen Krawall kam auch der Vorgesetzte. Nachdem er mein Seefahrtsbuch sowie meinen Dienstgrad gesehen hatte, hörte die Belästigung auf, und der Zoll verließ ohne Entschuldigung das Abteil.

Die Mitreisenden, darunter auch Bundesbürger, waren bei diesem Spektakel sehr ruhig und blaß im Gesicht. Im Nachgang gratulierten sie mir zu meinem Mut und waren auch dankbar, da unser Abteil nun nicht mehr kontrolliert wurde. Nach diesem ganzen Streß war ich froh, daß ich endlich am späten Nachmittag in Rostock ankam.

Nun hatte ich erst einmal Urlaub, konnte etwas länger mit meiner Familie zusammen sein. Es mußten einige Dinge geplant werden. Unser Sohn kam in diesem Jahr in die Schule, und mein Antrag auf einen Studienplatz zum Fachschulingenieur an der Hochschule in Warnemünde war genehmigt. Wir wollten für unseren Sohn ein eigenes Zimmer, denn unsere jetzige Wohnung war zu klein, und auch der Mitreiseantrag Uschis war bei den zuständigen Behörden noch in Arbeit.

Der FDGB (Freier Deutscher Gewerkschaftsbund) der Reederei bot 1250 Ferienreisen in FDGB-Heimen an, im betrieblichen Erholungszentrum an der Ostseeküste bestand die Möglichkeit für noch einmal 1000 Mitarbeiter, mit ihren Familienangehörigen Urlaub zu machen. Außerdem konnten jährlich 400 Kinder der Mitarbeiter in ein betriebseigenes Ferienlager fahren. Wir fuhren alle drei für 14 Tage in ein FDGB-Heim nach Thüringen, mit Vollverpflegung, und das bei einem Preis von etwa 200 DDR-Mark.

Am 20. April 1971 mußte ich wieder an Bord, es ging durch den Nord-Ostsee-Kanal zu unseren Ladehäfen nach Hamburg, Bremen und dann nach Dünkirchen in Frankreich. Wir fuhren dort am 5. Mai ab, kamen sofort am 12. Mai in Tripolis an die Pier, am 14. Mai lagen wir für zwei Tage in Benghazi und am 17./18. Mai in Beirut. Von dort nach Lattakia, wo wir am 19. Mai eintrafen, hier löschten wir den Rest unserer Ladung. Unsere Ladehäfen waren Iskenderun in der Türkei, wo wir am 24. Mai ankamen, und dann wieder Beirut. Am 28. Mai gingen wir dann auf „Heimreise“, erreichten am 9. Juni Bremen und lagen am 13. Juni wieder in Wismar.

Das Schiff mußte mit Kraftstoff bebunkert werden, denn das hätte für das Anlaufen der anderen Löschhäfen nicht mehr gereicht. Nach der Bunkerung sowie Übernahme von Ausrüstung fuhren wir am 16. Juni zu unseren Löschhäfen Aalborg, Norresundby in Dänemark und Norrköping in Schweden. Am 24. Juni waren wir wieder in Wismar, meine Uschi kam an Bord, und am 27. Juni 1971 verließen wir die DDR.

Um 10:00 Uhr liefen wir aus Wismar aus, passierten den Nord-Ostsee-Kanal und lagen am 28. Juni um 05:25 Uhr in Hamburg zur Reparatur bei der Firma BARTELS & LÜDERS an der Pier. Es wurden einige notwendige Reparaturen durchgeführt, wobei vorrangig am Hauptmotor von Station Nummer 1 die Zylinderlaufbuchse gewechselt werden mußte. Der Belag des gesamten Peildecks sollte erneuert werden, denn den Nautikern tropfte beim Navigieren das Wasser in den Kragen, und die Steuerung der Rudermaschine, insbesondere der Hydraulik, hatte Macken. Ich hatte auch etwas mehr Zeit, um mit Uschi in Hamburg etwas zu unternehmen.

Von der Reparaturfirma kam das Angebot, ob wir Interesse am Nachtleben, insbesondere der Reeperbahn, hätten. Mit Uschi war ich ja schon einmal dort, aber die Preise in den Nachtbars, das konnten wir uns nicht leisten.

Also nahmen wir natürlich an, zusammen mit dem Chiefmate ging es hinein in dieses Amüsierviertel, denn in der DDR gab es so etwas nicht. Wir landeten dann im KOLIBRI, hier sollte der Nepp nicht so überzogen sein wie in den anderen Nachtbars. Ein Bier mit Köm kostete hier nur etwa 15 DM, und der Striptease bot die gesamte Palette des nicht jugendfreien Programms. Wir saßen fast in der Nähe der Showbühne, und Uschi konnte es nicht fassen, was dort ablief, und meinte, das kann sie ihren Kolleginnen in ihrem Betrieb nicht erzählen, denn das glaubt ihr niemand.

Die Reparaturen waren inzwischen erfolgreich abgeschlossen, wir liefen am 7. Juli aus Hamburg aus und waren am gleichen Tag in Bremen, wo wir im Europahafen festmachten. In Bremen, dieser „eigenwilligen Tochter der Hanse“, war Uschi noch nicht gewesen, besonders der Stadtkern mit seinen Glanzlichtern war bewundernswert, und auch in der Böttcherstraße gab es nette kleine Lokale und Kneipen.

Nach gut zwei Tagen liefen wir aus, hatten am 13. Juli Gibraltar um 12:00 Uhr querab und gingen am 16. Juli in Tripolis vor Anker. Hier blieben wir drei Tage, spazierten auch durch die Stadt und besuchten den Bazar, aber bei dem neuen Regime mußte man sehr vorsichtig sein.

Es ging nun für fast vier Tage nach Benghazi. Ich hatte nicht viel Zeit, denn es gab Probleme mit dem Hauptmotor, wir mußten von Station Nummer 2 den Hauptkolben und von Station Nummer 3 den Abgaskolben ziehen. Das war bei den Außentemperaturen von plus 30 Grad Celsius für die Maschinengang wahrlich keine Freude. Für einen Landgang in dieser nicht interessanten Stadt hatte ich aber trotzdem Zeit, und ich zeigte Uschi auch das Hotel, in dem ich einmal gezwungenermaßen übernachtet hatte.

Nach dem Auslaufen aus Benghazi am 24. Juli war unser nächster Hafen Beirut, aber Hannes, unser Kapitän, meinte: „Wir müssen auch unseren Sicherheitsverpflichtungen nachkommen, es ist spiegelglatte See und ideales Wetter für ein Bootsmanöver." Nun begann der Albtraum aller mitreisenden Ehefrauen. Hannes' Frau fuhr auf dieser Reise auch mit, und er kannte keine Gnade, alle Frauen mußten in die Boote.

Das Klarmachen der Rettungsboote ist schon bei ruhigem Wetter ein besonderer Akt, dann das Ausschwingen, Herablassen und Freikommen von der Bordwand, nicht ungefährlich. Ich persönlich hoffte, daß ich das nicht erleben müßte, denn die Chancen für das Überleben mit solchen Booten bei Sturm sah ich als gering an!

Mit dem Rettungsboot auf See – „glückliche" Gesichter der Ehefrauen

Nach dem für alle erfreulichen und geglückten Bootsmanöver setzten wir unsere Reise nach Beirut fort und gingen dort am 27. Juli um 04:00 Uhr vor Anker. Wir lagen nur einen Tag im Hafen, und es ging ebenso nur für einen Tag nach Lattakia.

Nun fuhren wir etwa 100 Seemeilen nach Tripolis im Libanon und gingen dort am 30. Juli um 07:00 Uhr, nach sechs Stunden Ankerzeit, an die Pier.

Wir luden hier 4718 Tonnen Zucker in Säcken für Tunesien. Für das Laden dieser Fracht brauchten wir sechs Tage und hatten somit Zeit für einige Landgänge. Diese Stadt, arabisch Tarabulus, ist die zweitgrößte Stadt im Libanon und liegt etwa 85 Kilometer nördlich von Beirut. Eine Stadt, in der sich Mittelalter und Moderne in anziehender Weise vermischen. Interessant sind unter anderem die Zitadelle (Kreuzritter 12. Jahrhundert), Akropolis, der große Souk, Große Moschee und auch das Seifenmuseum (Khan As-Saboun).

Von unserem Agenten wurden wir zum Baden, zu lustigem Zusammensein und arabischem Essen eingeladen.

Nachdem Uschi im Mittelmeer gebadet hatte, konnten wir den Hafen am 6. August 1971 verlassen und unsere Reise nach Tunesien antreten.

Am 11. August gingen wir um 02:00 Uhr auf Reede von La Goulette vor Anker, gegen Mittag an die Pier, und unsere Zuckerladung wurde teilweise gelöscht. Danach verholten wir am 15. August nach Tunis, wo die Ladung weiter gelöscht wurde. Für Landgänge hatten wir genügend Zeit, so besuchten wir den Bazar. Es gab einen herrlichen Sandstrand, der von uns mit einigen Besatzungsmitgliedern besucht wurde.

An einem Tag gingen wir ins Kino, wir wollten uns den neuen James Bond „Goldfinger" ansehen, in der DDR war so etwas ja nicht möglich.

Wir verließen am 19. August das sehenswerte Tunesien und Hannibal in Ballast, denn wir sollten in Marokko für Frankreich Ladung übernehmen.

In Casablanca kamen wir am 22. August an, lagen dort fast vier Tage auf Reede vor Anker und liefen am 27. August abends um 20:00 Uhr ein. Das Schiff wurde in Bulk mit 4935 Tonnen Phosphat beladen. Es staubte fürchterlich, und das gesamte Schiff wurde mit diesem Staub überzogen.

Die Stadt ist der größte Hafen Nordafrikas, Handel und Industriezentrum, moderne Großstadt, aber mit wenigen alten Bauwerken. Wie für alle Frauen, waren auch für Uschi die zahlreichen Souvenirgeschäfte, Einkaufszentren, Boutiquen, der Souk und das arabisch-europäische Flair ein besonders interessantes Erlebnis.

Wir hatten leider für größere Unternehmungen nicht viel Zeit, denn wir liefen am 29. August nach Nantes aus, wo wir dann auch nach zwei Tagen ankamen. Hier wurde die gesamte Ladung gelöscht, wir hatten Zeit, uns die Stadt anzusehen, denn Uschi war hier noch nicht gewesen. Diese Stadt liegt an der Loire in der Bretagne, im Westen des Landes, am Atlantischen Ozean.

Eine lebhafte, auch durch die vielen Universitäten, geschichtsträchtige Stadt, wäre schon einen Urlaub wert, aber leider nicht für uns. Uschi konnte sich hier nun einige Wünsche in den zahlreichen Geschäften und Einkaufszentren erfüllen.

Mit leerem Schiff, also in Ballast, fuhren wir direkt nach Wismar zurück, wo wir am 5. September eintrafen. Uschi fuhr so schnell wie möglich nach Hause zu unserem Sohn, denn der hatte schon seinen ersten Schultag. Für mich wurde es auch Zeit, daß ich von Bord kam, denn mein vorgesehenes Studium an der Seefahrtsschule hatte bereits begonnen. Der Umzug in unsere neue Wohnung fand nun auch noch statt, und somit überschlugen sich wieder die Ereignisse. Wir zogen in das neue Stadtviertel von Rostock, nach Lütten Klein.

Studium – hohes „C“

Es war mir durch meine bisherige Seefahrt und die Entwicklung in der weltweiten Seeschiffahrt bewußt, daß mein kleines C4-Seepatent für die weitere Zukunft in meinem Beruf nicht mehr ausreichend war. Auch wenn ich mit der Seefahrt aufhören würde, was stets der Wunsch von Uschi war, hätte ich das für mich unakzeptable Landleben, nicht die von mir angestrebte fachliche Bildung. Deshalb hatte ich mich für das Fachhochschulstudium an der Ingenieurhochschule für Seefahrt Warnemünde-Wustrow beworben, und nun, da es wahr wurde, mußte ich mit aller Energie dieses gestellte Ziel erreichen. Das Studium beinhaltete das Seepatent C6 (das höchste Patent in der DDR). Ich hatte nun zwei Jahre Direktstudium vor mir und war dadurch auch länger bei meiner Familie, was man bisher ja nicht behaupten konnte. Es war auch erst einmal Schluß mit den Bitten, einen Landjob anzunehmen.

Als Rostocker war die Hochschule in Warnemünde deshalb günstig für mich, da schon aus Gründen der Entfernung zu meinem Wohnort eine ständige Anwesenheit zu Haus gegeben war.

Meine Kommilitonen kamen ebenso von allen Flottenbereichen der Deutschen Seereederei Rostock und größtenteils auch Leitende Technische Offiziere.

Ich bekam ein Stipendium, Uschi arbeitete als Kindergärtnerin, und wir hatten keine großen finanziellen Probleme. Im ersten Semester bekam ich ein Leistungsstipendium, und dazu kamen 50 Mark für meine mehrfache Auszeichnung als „Aktivist der DDR“.

Wie bei jedem Studium gab es hier auch einige Streber, Wichtigtuer, unangenehme Typen und auch nur jene, die auf einen vernünftigen Abschluß hinarbeiteten. Ich zählte mich zu den letzteren und fand auch Kommilitonen, mit denen ich gut zusammenarbeiten konnte.

Insgesamt hatten wir etwa 30 Studienfächer, auch das für die DDR obligatorische Hauptfach, Marxismus-Leninismus, zählte dazu. Solche Fächer wie z. B. Sozialistische Arbeitswissenschaften mußten wir über uns ergehen lassen. Die Abschlußarbeit sowie auch das Gesamtprädikat für alle Studienleistungen wurden mit „Gut“ bewertet. Am 13. April 1973 war mein Studium abgeschlossen, und ich hatte die Berechtigung die Berufsbezeichnung „Schiffsingenieur“ zu führen.

Mein angestrebtes Ziel hatte ich erreicht, das Seefahrtsamt stellte mir dann das höchste und international anerkannte Seepatent C6 aus.

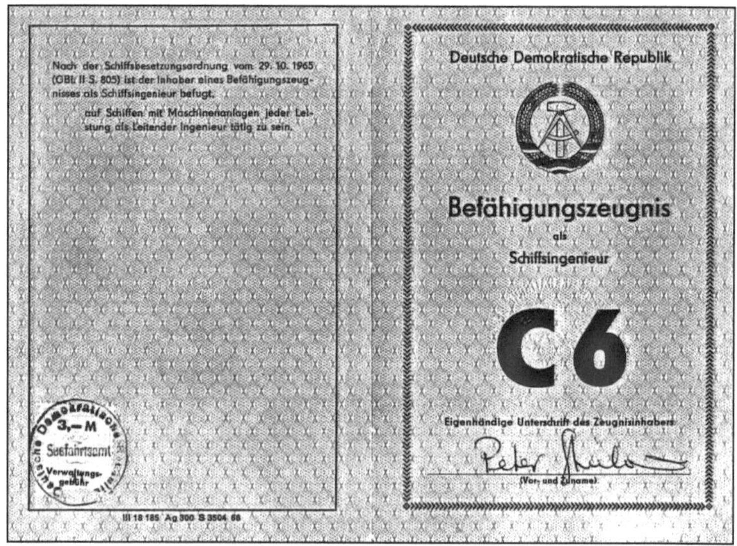

Nach der Schiffsbesetzungsordnung vom 29. 10. 1965 (GBl. II S. 805) ist der Inhaber eines Befähigungszeugnisses als Schiffsingenieur befugt,

auf Schiffen mit Maschinenanlagen jeder Leistung als Leitender Ingenieur tätig zu sein.

Deutsche Demokratische Republik Seefahrtsamt 3,— M Verwaltungsgebühr

III 18 185 Ag 300 S 3504 66

Deutsche Demokratische Republik

Befähigungszeugnis

als

Schiffsingenieur

C6

Eigenhändige Unterschrift des Zeugnisinhabers

(Vor- und Zuname)

Zurück auf See – MS „Weida“

Ich begann wieder, in meiner alten Funktion als Chiefengineer bei der Deutschen Seereederei Rostock zur See zu fahren. Mit höherem Selbstwertgefühl erfolgte erneut mein Einsatz im Flottenbereich Mittelmeer-Afrika. Mein neues altes Schiff, das MS „Weida“, hatte mich wieder.

Dort musterte ich am 17. Mai 1973 an. Am nächsten Tag liefen wir gleich nach Hamburg aus, und da ich das Schiff kannte, hatte ich auch keine Probleme mit der Technik.

Die nun folgenden Reisen führten mich wieder von den europäischen Staaten zu den meisten Staaten des Mittelmeeres.

Aus der Sicht meiner täglichen Arbeit hatte sich für mich nicht viel verändert. Da ich keine besonderen Beziehungen zur Technischen Inspektion hatte, war für mich auch die Übernahme eines Schiffsneubaus nicht in Aussicht. Also mußte ich mich weiterhin mit Schiffen der Alttonnage abfinden. Das entsprach aber nicht mehr meinem Wissen und meinen persönlichen Ansprüchen, denn ich suchte die Herausforderung.

Nichtsdestotrotz machte ich meinen Job, mit allen Höhen und Tiefen, die ein Schiffsbetrieb mit sich brachte.

Da ich mit dem Kapitän gut klarkam, hatte ich auch keine Veranlassung zu einem Schiffswechsel. Langsam bildete sich eine Stammbesatzung, es entwickelte sich ein vernünftiges Bordleben, wobei es immer Besatzungsmitglieder gab, die ohne Stänkerei nicht leben konnten.

Meine fordernde Art wurde nicht immer verstanden oder wurde persönlich genommen. Technische Probleme mußten sofort gelöst werden, so daß es nicht möglich war, lange diplomatische Erklärungen oder Begründungen abzugeben, es hätte vielfach auch nicht den Erfolg gebracht.

Für mich war immer klar, wir befanden uns auf einem Seeschiff und nicht in einem Kindergarten, das erklärte ich auch immer Uschi, die ja Kindergärtnerin war, und es mußte auch einmal ein hartes Wort gesprochen und vertragen werden. Die Tour „Wie sage ich es meinem Kind?“ war nicht angebracht, und Zeit war dafür meistens auch nicht.

Inzwischen gab es auf den DSR-Schiffen die sogenannte Komplexbrigade, das heißt, alle Mannschaftsdienstgrade sollten in allen technischen und seemännischen Bereichen des Schiffes austauschbar eingesetzt werden. Also ein Vollmatrose sollte in der Maschine Kolben ziehen und der Maschinenassistent auf der Brücke den Wachdienst übernehmen. Einen entsprechenden Ausbildungsweg gab es bereits und wurde durch die Betriebsberufsschule auf den „Matrosenfabriken" der Reedereischiffe wie dem MS „J. G. Fichte" (Einrichtungen zur Ausbildung von 190 Matrosenlehrlingen) praktiziert. Nach der dortigen Grundausbildung kamen dann die Lehrlinge auf Frachtschiffe der Flotte. Wir hatten meistens vier Lehrlinge an Bord, verantwortlich für deren Komplexausbildung war der Chiefengineer.

Da dieser auch die Komplexbrigade für die gesamte Instandhaltung des Schiffes leiten sollte, also auch sämtliche Konservierungsarbeiten an Deck wie zum Beispiel „Malen der Außenhaut", gab es ein ewiges Problem mit der Nautik zur Bereitstellung von Arbeitskräften. Den Vorrang hatte das Ladungsgeschäft, und dazu brauchte man eben genug Leute. Außerdem bestand die Sicherheitsforderung der Reederei, im Hafen die Gangway durch ein Mitglied der Besatzung zu besetzen sowie ein Gangwaybuch zu führen. Das Buch wurde auch durch die Staatssicherheit im DDR-Hafen streng kontrolliert, und der Kapitän bekam erhebliche Probleme, wenn Ungereimtheiten auftraten. Es war somit ersichtlich, welches Besatzungsmitglied wann, mit wem, wo und wie lange er in einem Hafen an Land war.

Ein anderes Thema war das von der Reederei geforderte Neuererwesen. Der Chiefengineer war immer der Vorsitzende des „Neuererkollektivs" und mußte monatlich protokollierte Sitzungen durchführen. Das Neuererwesen war ein entscheidender Faktor im „sozialistischen Wettbewerb", an dem sich jedes Schiff der Flotte beteiligen mußte, dabei ging es um den Titel „Kollektiv der sozialistischen Arbeit".

Der Kapitän stand hierbei für die Reederei auf dem „Präsentierteller" und mußte mit der SED-Grundorganisation des Schiffes, Gewerkschaft (FDGB), FDJ (Freie Deutsche Jugend) und der DSF (Deutsch-Sowjetische Freundschaft) regelmäßig Rechenschaft ablegen, und das auch nach jeder Reise in seinem Reisebericht.

Die Vielzahl der anzufertigenden Protokolle, durchzuführenden Versammlungen sowie Veranstaltungen, nicht nur auf politischer Ebene, war natürlich eine von der Reederei und damit vom DDR-Staat gewollte radikale Unterordnung und Kontrolle der gesamten Schiffsbesatzung.

Dann gab es natürlich noch interne Berichte von verdeckten Mitarbeitern der Staatssicherheit, SED und vom Zoll. Das gesamte durchorganisierte System der Überwachung aller Besatzungsmitglieder erzeugte ein Gefühl der Unsicherheit. Wem konnte man vertrauen, wenn man sich systemkritisch äußerte? Aber das war an Land auch so. Denn wenn erst das Seefahrtsbuch durch die zuständigen Behörden eingezogen wurde, bedeutete das Berufsverbot und Seefahrt „ade".

Das gesamte notwendige Übel mußte man über sich ergehen lassen, es wurde auf die Besatzung verteilt und möglichst auf das Notwendigste beschränkt. Das lag natürlich nicht nur an der Persönlichkeit des Kapitäns. Wenn eine totale „rote Socke" an Bord war, gab es immer starke Übertreibungen, die bis in die Unglaubwürdigkeit und Lächerlichkeit übergingen. Denn wenn man als Seemann mit offenen Augen durch die Welt fuhr, kamen einem starke Zweifel an dem Regime.

Wir waren in der glücklichen Lage, keinen Politoffizier an Bord zu haben. Das bedeutete, daß ein SED-Mitglied der Besatzung die Funktion des Parteisekretärs auf sich nehmen mußte. Das bestimmte dann die SED-Führung der Reederei, und an Bord erfolgte dann die Scheinwahl.

Für mich wurde es nun eng, man hatte mich dafür ausgesucht. Ein „Nein" hätte sicherlich Konsequenzen nach sich gezogen, und das konnte ich mir nicht leisten. Ich wurde dann auch einstimmig gewählt und hatte nun erheblich mehr Probleme am „Hals". Durch diese Funktion war ich plötzlich in eine Position geraten, die mir überhaupt nicht gefiel, denn man ging nun vielfach auf Distanz. Aber die mich kannten, wußten, daß ich „der alte" geblieben war.

Wir liefen die mir bekannten Häfen an, es gab wieder erfreuliche Landgänge, wo man von den Bordproblemen abschalten konnte. Am 28. Okober 1973 ging es, in diesem Jahr von Wismar aus, auf die zweite Mittelmeerreise.

Inzwischen hatte am 6. Oktober der Jom-Kippur-Krieg für fast drei Wochen stattgefunden. Der Angriff der Syrier und Ägypter gegen Israel erfüllte nicht die Erwartungen der Angreifer. Das Gegenteil trat ein, und am 16. Oktober standen die Israelis (nach Überquerung des Suezkanals) 120 Kilometer vor Kairo und 32 Kilometer vor Damaskus. Bei dieser politischen Weltlage liefen wir die Häfen Alexandria und Lattakia an, wohl war mir dabei nicht.

Der Hafen von Lattakia war durch die Luftwaffe und Kriegsschiffe der Israelis angegriffen worden. Die große Mole war teilweise zerstört, die Öltanks waren in Brand geschossen, und mehrere Gebäude in der Nähe des Hafens waren nur noch Ruinen.

Auf Innenreede, wo die Schiffe immer an der Mole festmachten, lag ein ausgebrannter japanischer Frachter. Er hatte einen außer Kontrolle geratenen Raketentreffer in die Brücke abbekommen. Sonst lagen wir immer auf diesem Liegeplatz!

Überall im Hafen waren Raketen- und Flakstellungen sowie reichlich Militär. An Landgang war natürlich nicht zu denken. Als ich das ganze Elend sah, kamen bei mir wieder Kindheitserinnerungen hoch. Denn die Leidtragenden waren wie immer, auch hier in Syrien, die Zivilbevölkerung.

Die Tage, die wir in Lattakia und Alexandria lagen, mußten wir nachts das gesamte Schiff, wegen angeblicher Fliegerangriffe, total abdunkeln, und der Hauptmotor war auf „Stand-by".

Von der Reederei bekamen wir für die politische Lage einen Sonderbonus, wir nannten es Kriegszulage.

Nachdem wir diese Häfen unbeschadet verlassen hatten, fuhren wir nach Famagusta und dann nach Beirut, wo wir am 30. November vor Anker gingen. Auch in diesen beiden Häfen mußte durch den Jom-Kippur-Krieg mit längeren Reedezeiten wegen verzögerter Abfertigung gerechnet werden.

Bereits auf der ersten Reise in diesem Jahr hatte ich eine Werftliste erstellt, und mit dem Kapitän und dem zuständigen Reparaturinspektor abgestimmt. Das Schiff mußte zur Klasseerneuerung und wegen notwendiger Reparaturen in eine Werft.

In der DDR gab es nicht die notwendige Reparaturkapazität, wir sollten deshalb nach Rijeka in Jugoslawien. Von Beirut aus fuhren wir in Ballast dorthin und lagen am 14. Dezember 1973 in der Stadtwerft „VICTOR LENAC" von Rijeka.

Die Werft mitten in der Stadt machte einen ordentlichen Eindruck, und der Empfang war auch entsprechend. Unser deutsch sprechender Bauleiter war in allen Dingen kompetent, und die Reparaturdurchführung entsprach westlichem Standard.

Ein Schwimmdock, das unserer Schiffsgröße entsprach, war auch vorhanden, die Dockung verlief reibungslos, ebenso die Arbeiten am Unterwasserschiff. Die ganze Besatzung konnte an Bord bleiben, denn der ausreichende Werftservice machte das möglich. Unsere Kombüse mußte geschlossen werden, und somit waren wir Selbstversorger. Von der Reederei bekamen wir Verpflegungsgeld, aber das in der nicht konvertierbaren jugoslawischen Währung „Dinar“ (Inlandwährung wie in der DDR).

Es ging auf Weihnachten zu. Ein großer Teil der Besatzung wurde in der Werft nicht benötigt und flog deshalb von Zagreb nach Hause. Das traf für mich im Moment natürlich nicht zu, ich war für die Reparaturdurchführung verantwortlich, und ein Reparaturinspektor der Reederei war auch nicht vor Ort.

Ich war das erste Mal in Jugoslawien und nicht ganz unbedarft, hier auftreten zu müssen bzw. einen Fauxpas zu verursachen, hatte ich mich doch etwas mit der Geschichte Jugoslawiens beschäftigt.

Auch mein Schwiegervater, der während des Zweiten Weltkrieges beim Rückzug aus Griechenland als Angehöriger der Deutschen Wehrmacht durch Jugoslawien gezogen war, erzählte mir einiges über Partisanengefechte. Die Deutsche Wehrmacht hatte in Jugoslawien Schlimmes angerichtet.

Am Eingangstor der Werft war eine Gedenktafel mit den Namen erschossener Partisanen. Hier lagen immer frische Blumen, auch wir legten dort welche nieder, und diese Geste kam gut an. Mit Äußerungen über die Vergangenheit mußte man vorsichtig sein. Auch diese kroatische Stadt hatte eine kriegerische Geschichte hinter sich, gehörte nach dem Ersten Weltkrieg zu Italien und mit Gründung der „Föderativen Volksrepublik Jugoslawien“ am 29. November 1945 zu einem Vielvölkerstaat. Es regierte der „Marschall Jugoslawiens“, Josip Broz Tito. Ein kommunistischer Diktator, der 1948 mit der Führung der Sowjetunion brach und eigene Wege ging. Das entsprach zwar nicht der DDR-Linie, aber es gab trotzdem gute Beziehungen. Die Stadt Rostock hatte seit 1966 eine Städtepartnerschaft mit Rijeka.

Die hier lebende kroatische Bevölkerung ist zu über 80 Prozent römisch-katholischen Glaubens, und Weihnachten wird so ähnlich wie bei uns in Deutschland gefeiert. Diese Feiertage kamen hier auf uns zu, und in der Werft wurde nicht mehr gearbeitet. Der Bauleiter bot mir an, mit der Besatzung das Weihnachtsfest im betriebseigenen Erholungsheim der Werft zu verbringen. Das Heim lag hoch oben in den Bergen, an Bord blieben nur die notwendigen Sicherheitswachen. Es gab dort ein großes Gästehaus mit guter Ausstattung und einem phantastischen Blick auf Rijeka. Als wir ankamen, war alles weihnachtlich geschmückt, und am Abend gab es ein vorzügliches Essen. Ich war der sogenannte Reiseleiter und mußte nun diesen „Sack Flöhe“ hüten, denn Gnade dir Gott, sie werden losgelassen. Es gab hier eine große Hausbar, die Mannschaft konnte trinken, soviel sie wollte, und viele taten das auch bis zum Morgengrauen. Das gab einige Probleme für mich, denn es wurde auch gesungen, dagegen hatte keiner etwas, aber dann ertönte: „Oh du schöner Westernwald …" Da mußte ich einschreiten, denn dem kroatischen Hauschef gefiel das gar nicht. Ich habe mich von ganzem Herzen für diesen Ausrutscher der Besatzung entschuldigt und kam mit dem älteren Herrn ins Gespräch. Er sprach gut Deutsch, und es gab so etwas wie Sympathie auf beiden Seiten. Es stellte sich heraus, daß er ein ehemaliger Partisanenführer war und während des Zweiten Weltkrieges seine beiden Söhne verloren hatte. Wir beide diskutierten über Gott und die Welt bis tief in die Nacht, und der Slibowitz, den ich mit ihm trank, brachte mir am nächsten Tag einen dicken Kopf. Aber die frische Bergluft tat nicht nur mir gut, und nach den Feiertagen ging es wieder zurück an Bord.

Die Reparaturarbeiten begannen etwas schleppend, ich mußte zu einer neuen Werft, die etwa vier Kilometer außerhalb von Rijeka bei Bergudi lag, aber schon vor dem Ersten Weltkrieg mit dem Schiffbau verbunden war.

Hier wurden unsere sämtlichen Einspritzpumpen, Einspritzventile etc. für den Hauptmotor und die Hilfsdiesel überholt. Die Werkhallen waren auf dem neuesten Stand der Technik, und es gab keine Probleme mit den Endabnahmen.

Es ging dem Jahresende entgegen, von der Werft wurde mir mitgeteilt, daß wegen Urlaub der Werftangehörigen die Reparatur bis etwa 4. Januar des neuen Jahres nicht im vollen Umfang durchgeführt werden kann.

Nach Rücksprache mit der Reederei flog ich am 29. Dezember mit noch fünf Besatzungsmitgliedern von Zagreb nach Ost-Berlin und fuhr dann mit dem Zug weiter nach Rostock. Ich war Silvester zu Hause.

Am 2. Januar 1974 flog ich wieder zurück in die Schiffswerft nach Rijeka.

Das Schiff wurde dann ausgedockt, alles war frisch konserviert, und von außen sah alles wie neu aus. Die Reparaturen waren in der Endphase und zum größten Teil abgeschlossen. Der Kapitän war auch wieder zurück und brachte den für uns zuständigen Reparaturinspektor der Reederei mit.

Unser Bauleiter, mit dem ich ein gutes Verhältnis hatte, lud mich manchmal in ein kleines Restaurant, eher eine bessere Kneipe, die auch nur von Fischern und anderen einheimischen Kroaten besucht wurde, zum Mittagessen ein. Dieses Lokal lag direkt gegenüber der Werft. Es gab hier rustikale, aber vorzügliche nationale Gerichte. Er bat mich dann immer, meine Seemannsuniform anzuziehen, denn der Wirt und seine Gäste mochten die Männer vom Meer, und ich tat ihm dann auch den Gefallen.

Nun hatte der Bauleiter auch seinem Großvater von mir erzählt, ich sei ein ganz vernünftiger Deutscher. Der Großvater hatte unter Tito gegen die Deutschen für ein freies Jugoslawien gekämpft. Er wollte mich kennenlernen. Der Bauleiter meinte, daß sein Großvater auch mit mir Deutsch sprechen würde, das sei eine große Auszeichnung nach seinen bitteren Erfahrungen im Zweiten Weltkrieg, denn seine Familie hatte auch viele Tote zu beklagen. An einem Wochenende fuhren wir dann zu seinem Großvater in ein Bergdorf. Ich geriet in ein großes Familienfest hinein und wurde auch sehr freundlich aufgenommen. Ich wurde dann auch dem Großvater, dem Patriarchen der Großfamilie, vorgestellt und akzeptiert. Das üppige landestypische Essen, das von schwarzgekleideten und zuerst im Hintergrund bleibenden Frauen zubereitet und serviert wurde, war sehr gut.

Der Großvater fällt alle Entscheidungen in der Familie, und das war dann Gesetz. Für mich nichts Neues, aber gewöhnungsbedürftig. An eines konnte ich mich nicht gewöhnen, denn ich mußte sehr viel Slibowitz trinken – was der Großvater alles vertrug, das war für mich unwahrscheinlich. Dieser Stoff war selbstgebrannt und hochprozentig, ich konnte mich nicht drücken, denn das wäre eine Beleidigung gewesen.

Jedenfalls hatte es mir sehr gefallen. Der Großvater, mit dem ich viel gesprochen hatte, war zu mir freundlich und akzeptierte mich.

Wie ich dann wieder zurück an Bord gekommen bin, das weiß ich nicht mehr genau. Aber eines war klar, ich konnte seit dem Tag Slibowitz nicht einmal mehr riechen, und ich hatte einige Tage zu tun, bis ich wieder „normal“ war.

Nun waren die Reparaturen fast abgeschlossen. Es erfolgte die Absprache mit unserem Reparaturinspektor, das heißt, die gesamte Werftliste wurde bis in das kleinste Detail überprüft und auf Erweiterungen kontrolliert, es ging hier um die Reparaturkosten. Einige Positionen hatte ich erweitern müssen, denn wenn man z. B. ein Aggregat zur Reparatur öffnet, kann der Befund erschreckend sein, und das kostet Geld. Wir hatten uns geeinigt, jetzt kam der Fight mit der Werft, das dauerte ebenfalls Tage, aber es kam dann doch auf beiden Seiten zu einem akzeptablen Kompromiß.

Anfang Januar 1974 war die Werftzeit in Rijeka beendet. Das Schiff wurde mit Kraftstoff bebunkert, von Rostock kamen Lkws mit Schiffsausrüstung, und auch Proviant wurde uns aus der DDR geliefert.

Wir fuhren zu unseren Ladehäfen auf Zypern sowie in der Türkei, dann endlich auf „Heimreise“, das heißt zu unseren Löschhäfen Rotterdam und Antwerpen.

In Antwerpen hatten wir etwas länger Zeit, und am 8. Februar wurde über unsere Agentur eine Exkursion organisiert. Wir fuhren mit 20 Besatzungsmitgliedern nach Brüssel und dann weiter nach Waterloo. In Brüssel unternahmen wir eine Stadtbesichtigung, unter anderem den Grote Markt, Galeries St. Hubert (unweit davon die sogenannten Freßgassen) mit dem „Café des Arts“ (Treffpunkt der französischen Schriftsteller, auch Alexandre Dumas) und natürlich, an der Ecke der Rue des Grands Charmes, das „Manneken Pis“, diese von Touristen umlagerte Brunnenfigur von 1619. Im Programm war auch das gigantische Atomium der Weltausstellung EXPO 1958 mit den glänzenden Stahlkugeln, die aus jeder Himmelsrichtung zu erblicken sind. Interessant in Brüssel war auch das Völkerkundemuseum, aber für diese überwältigende Sammlung muß man sich Zeit nehmen. Die Fahrt mit dem Reisebus ging weiter durch Belgien zum berühmten Schlachtfeld Waterloo. Ich als Rostocker hatte zu dieser Schlacht, die am 18. Juni 1815 nur durch das noch entscheidende Eingreifen des Feldmarschalls Blücher gewonnen wurde, eine besondere Beziehung, denn Blücher war in Rostock geboren. Sein Denkmal steht heute noch vor der Universität in Rostock. Die Fahrt durch die Ardennen und auch die Rückfahrt war wohl für alle sehr interessant, denn der Seemann sieht ja oft nur die Hafenstädte.

Am 20. Februar 1974 waren wir wieder in Wismar, und am 23. Februar bekam ich Urlaub und stieg nach neun Monaten Fahrzeit von dem Schiff ab.

Auch dieser Urlaub ging zu Ende, und am 8. Mai war ich wieder mit dem MS „Weida“ auf Mittelmeerreise. In Hamburg und Antwerpen wurde unser Schiff voll beladen, auch mit Decksladung.

Nach dem Auslaufen mußte erst alles gelascht werden, dafür war im Hafen keine Zeit, denn das würde die Hafengebühren verteuern, und das konnte sich keine Reederei leisten.

Auch das mit Planen abgedeckte Stauholz mußte wieder in den Laderaum (wenn noch Platz war). Man konnte nur auf Gott vertrauen, daß auch das

Wetter mitspielte, denn das Laschen und Aufräumen an Deck wäre sonst eine gefährliche Angelegenheit.

Am 2. Juni waren wir in Beirut und dann in Lattakia, insgesamt verbrachten wir in beiden Häfen 25 Tage und davon den größten Teil auf Reede, also vor Anker.

MS „Weida“ auf Reede von Beirut

Auf Reede hatten wir ausreichend Zeit, und für Abwechslung sorgten ein Sportfest und ein Grillabend. Ich hatte wegen einer Wette einen Vollbart.

Im Hafen von Lattakia kamen fast immer arabische Souvenirhändler an Bord und verkauften „landestypische Andenken“, darunter auch Kleidung. Für uns gab es dann oft ein Gaudi.

Wir verließen Syrien und den Libanon am 28. Juni und fuhren nach Izmir zu unserem Ladehafen in der Türkei. Dort trafen wir am 30. Juni nach etwa 200 Seemeilen ein und gingen vor Anker. Wir luden wieder Vollschiff Expeller. Am 4. Juli traten wir die Rückreise an, unsere Ladung wurde in Westeuropa gelöscht. Danach waren wir für kurze Zeit wieder in Wismar, und ich konnte meiner Familie die neue Errungenschaft, meinen Vollbart, präsentieren. Bei meiner Uschi kam das nicht so gut an, aber die Verwandten und Bekannten meinten, ein Seemann müsse auch einen Bart haben.

Ich hatte bereits vor Monaten einen Antrag auf Mitreise der Ehefrau gestellt, und nach den Genehmigungsverfahren durch die Behörden kam auch die Zustimmung. Meine Uschi kam an Bord, und wir liefen am 28. Juli via Nord-Ostsee-Kanal nach Hamburg aus.

In Hamburg machten wir am 29. Juli um 03:41 Uhr am Schuppen 77 an der Pier im Ellerholzhafen fest. Uschi war nun auch wieder in der „Freien Welt“, und wir hatten Zeit, uns Hamburg anzusehen. Es ging für zwei Tage weiter in die schöne Stadt Bremen.

Unser nächster Ladehafen war dann Dünkirchen in Frankreich. Wir blieben hier fast fünf Tage, es war ausreichend Zeit für die Besichtigung der Stadt, und am 12. August ging es dann nach unserem ersten Löschhafen in den Libanon.

Wir passieren Gibraltar, und hinein geht es in das Mittelmeer.

Am 20. August erreichten wir Beirut und gingen um 10:00 Uhr vor Anker. Es lagen viele Schiffe auf Reede, ein sofortiges Einlaufen war nicht möglich, für uns gab es auch keinen Liegeplatz im Hafen. Wir meldeten uns bei den libanesischen Hafenbehörden an und bekamen die Bestätigung für einen Liegeplatz zu einem späteren Zeitpunkt. Das war hier so üblich. Also hievten wir um 22:30 Uhr den Anker und fuhren zu unserem nächsten Hafen nach Lattakia, wo wir am 21. August um 09:00 Uhr auf Außenreede vor Anker gingen. Unser Schiff wurde einklariert, dann verholten wir zu einem anderen Liegeplatz und waren auf Warteposition, bis unser Liegeplatz im Hafen frei wurde.

Um die Wartezeit aufzulockern, wurde ein Bordfest mit Grillabend durchgeführt. Wir hatten mehrere mitreisende Ehefrauen mit sehr unterschiedlichen Charakteren und Berufen an Bord, und es gab Spannungen, die für das Bordklima nicht gut waren. Also war so ein Bordfest die richtige Abwechslung. Nachdem dieser Tag glücklich zu Ende gegangen war und sich die Gemüter beruhigt hatten, war nun auch das Einlaufen des Schiffes in den Hafen absehbar. Nach fünf Tagen war es soweit, wir gingen bei den Getreidesilos an die Pier.

Im Hafen von Lattakia lagen wir fast zehn Tage und hatten reichlich Zeit für die nicht sehr attraktive Stadt. Wir fuhren zum Baden an die Beach, bummelten durch die Stadt und gingen mit einigen Besatzungsmitgliedern am Abend in das Restaurant „SPIRO" zum arabischen Essen. Mit mehreren Personen machte das auch mehr Spaß, und der nette Wirt kannte uns ja bereits, freute sich über unseren Besuch, und das Essen schmeckte allen gut.

Am 5. September verließen wir Lattakia und fuhren nach Beirut, wo wir am nächsten Tag um 06:37 Uhr auf Reede vor Anker gingen. Nach drei Tagen auf Reede gingen wir an die Pier, und ebensolange blieben wir im Hafen.

Interessant war für Uschi der „Große Bazar", hier konnte man beim Einkaufen herrlich handeln, selbst wenn man nichts kaufen wollte. Auch das quirlige, offene arabische Flair, das gab es nur hier.

Am 12. September liefen wir aus Beirut aus, und es ging zu unserem Ladehafen Izmir in die Türkei. Am 14. September gingen wir dort um 10:44 Uhr vor Anker und nach etwa zwei Tagen zum Laden von Expeller an die Pier.

Izmir (Smyrna), die „Perle der Ägäis", ist die zweitgrößte Hafenstadt der Türkei und sehr weltoffen. Wie in allen arabischen Ländern galt es stets, einige Besonderheiten zu beachten und sich den Landessitten anzupassen, denn man befand sich in einem islamischen Land. Ich hatte bisher damit keine Probleme, aber wenn man so das Verhalten einiger Touristen beobachtete, sträubten sich einem die Nackenhaare. Ein absolutes Tabu bei Männern war das Tragen von kurzen Hosen in der Öffentlichkeit, und auch ein Minirock und sonstige zur Schau gestellte weibliche Reize waren nicht angebracht. Auf den Reisen mit Uschi gab es von mir dazu immer Instruktionen, denn Allah sah alles, was nicht dem Koran entsprach.

Aber mit der Einsicht und dem Verhalten ist das ja so eine Sache, man sollte sich an den Koran Sure 4 (99.) halten, wo geschrieben steht: „Ihnen mag Allah verzeihen; denn Allah ist nachsichtig und verzeihend."

Uschi in Izmir – Blick von der Kadifekale (Burg)

Am 21. September verließen wir um 06:30 Uhr Izmir, und es ging zu unseren Löschhäfen Rotterdam und Antwerpen. Am 26. September passierten wir um 08:00 Uhr Gibraltar, von hier bis Rotterdam (Hoek von Holland) waren es noch etwa 1400 Seemeilen. In beiden Häfen lagen wir einige Tage, und Uschi hatte Zeit zum Einkaufen von Mitbringseln für die die „lieben Daheimgebliebenen". Uschi drängte nun auch und wollte nach Hause zu unserem Sohn, aber ihr Geburtstag, der 4. Oktober, wurde an Bord gefeiert, denn wir waren erst am 5. Oktober wieder in Wismar.

Für mich war es eine kurze Hafenliegezeit, denn am 11. Oktober ging ich erneut auf Mittelmeerreise.

Nach unseren Ladehäfen Hamburg, Antwerpen und Rotterdam war ich am 5. November wieder in Beirut, unserem ersten Löschhafen.

Für die Besatzung gab es hier oft Schiffspost aus der Heimat, aber die Wege dieser Post waren vielfach nicht nachvollziehbar. Die Briefe kamen oft zerschlissen, geöffnet und wieder zugeklebt beim Empfänger an. Deshalb hatte ich auch Uschi instruiert, nur unverfängliche Zeilen zu schreiben, und ich hielt es ebenso.

Es war natürlich etwas Besonderes, wenn Post von der Familie ankam. Mein Sohn schrieb mir jetzt auch schon, und das haute den stärksten Seemann um. Aber das mußte weggesteckt werden, sonst wäre Trübsal angesagt, und das konnte man in meinem Job nicht gebrauchen.

In Beirut ging ich oft an Land, mir gefielen das multikulturelle Flair und die Freundlichkeit der Menschen. Wenn ich aus dem Hafentor kam, führte mein Weg direkt in die von der politischen Führung der Reederei verbotene „Texas Bar", die sich in der Nähe des Hafens befand. Hier konnte man in Ruhe an der Bar seinen Drink nehmen und sich auf den Stadtbummel einstimmen. Oft ging ich auch mit unserem Bootsmann „Paul", einem blonden kräftigen Zweimetermann und Urgestein, an Land.

Der Weg führte uns dann auf den von uns so genannten „Kanonenplatz", in der Nähe war auch der große Bazar. Hier gab es auch eine Vielzahl von Restaurants, und da ich auch gerne arabisches Essen mochte, war ich dort richtig. Man konnte draußen sitzen und sich das Menschengetümmel anschauen. Wo wir oft hingingen, gab es Gegrilltes mit Salaten, Garlik ((Garlic???)), Fladenbrot und deutsches Bier vom Faß. Wenn Paul dann anschließend kräftig rülpste, denn es hatte geschmeckt, freute sich der arabische Wirt, aber meine Peinlichkeit war nicht angebracht.

Es wurde eine ganz „normale" Mittelmeerreise mit Syrien und der Türkei, und am 5. Dezember um 13:30 Uhr hatten wir auf der „Heimreise" Gibraltar querab.

Alle hofften nun, daß es etwas langsamer in den Löschhäfen des Kontinents zuging, denn es stand ja Weihnachten vor der Tür. Tatsächlich aber war ich Weihnachten bei meiner Familie, denn der Ladevorgang und einige Reparaturen begünstigten dieses. Leider war ich Silvester nicht in Deutschland, denn wir liefen am 30.12.1974 mit Reiseziel Ägypten aus. Ausgerechnet bei dieser stürmischen Jahreszeit ging es um Skagen, also Dänemark, herum. Das kam nicht nur mir sehr ungewöhnlich vor. Der Grund waren wohl die vielen grünen Kisten, die verdächtig nach Militärgütern aussahen und somit eine Passage durch den Nord-Ostsee-Kanal unmöglich machten.

Am 2. Januar 1975 passierten wir um 01:00 Uhr Dover, am 6. Januar um 02:00 Uhr Gibraltar, und hinein ging es in das Mittelmeer. Als wir am 12. Januar gegen 09:00 Uhr bei Alexandria vor Anker gingen, ahnten wir nichts Gutes, denn mit uns lagen hier über 150 Schiffe auf Außenreede vor Anker. Es war dann auch so, und erst am 18. Januar um 14:00 Uhr verholten wir auf Innenreede und löschten dort einige Güter unserer „besonderen Ladung". Am 29. Januar war diese Aktion beendet, und es ging wieder auf Außenreede vor Anker.

Die Stimmung an Bord war inzwischen auch auf dem „Nullpunkt" angelangt, es kam zu unschönen Auseinandersetzungen, wobei auch übermäßiger Alkoholgenuß eine Rolle spielte. Dadurch wurde ich auch einige Male gezwungen, die Seewachen zu übernehmen. Am 1. Februar kam dann auch noch sehr schlechtes Wetter auf, das bedeutete mitten in der Nacht um 02:30 Uhr „Anker auf", und ich ging wieder einmal die 00:00-bis-04-:00-Uhr-Wache. Wir mußten zwei Tage gegen die schwere See andampfen und mit uns viele andere Schiffe auch. Nach fünf Tagen, die wir noch auf Außenreede verbrachten, ging es endlich an die Pier, das Stimmungsbarometer der Besatzung ging wieder auf „normal".

Auch für mich waren die Landgänge in Alexandria nun kein besonderes Erlebnis mehr, aber man kam auf andere Gedanken und konnte den Streß abbauen. Am 25. Februar verließen wir endlich, nach über 40 Tagen, diesen „schönen" Hafen. Am 3. März um 13:30 Uhr passierten wir Gibraltar, der Atlantik empfing uns mit schwerer See, und das ging auch weiter so durch die Biskaya, also eine stürmische „Heimreise".

Wir hatten in Ägypten Baumwolle in Ballen geladen, und das bedeutete bei Nässe einen Schwelbrand. Unsere Hauptdecksluken waren etwas undicht, und der Kapitän hatte starke Bedenken, denn bei dem schlechten Wetter, das wir hatten, ging die See über Deck und Ladeluken. Aber wir kamen glücklich in unseren Löschhäfen Rotterdam und Antwerpen an.

Meinen Geburtstag am 11. März konnte ich sogar bei meiner Familie feiern, die Hafenliegezeit in Deutschland betrug etwa zehn Tage.

Am 1. April war ich wieder in Antwerpen, hier erfolgte nun eine Reparatur der Hauptdecksluken. Es mußte eine große Menge des defekten Lukengummis durch eine Reparaturfirma gewechselt werden, dazu waren auch diverse Schweißarbeiten und Kleinreparaturen notwendig. In der DDR war nicht genug Reparaturkapazität vorhanden. Nach der Reparatur wurden die gesamten Lukenabdeckungen von einer Klassifikationsgesellschaft (DSRK), einschließlich Dichtigkeitserprobung, abgenommen. Im Heimathafen war der Umfang der Reparaturen mit dem Reparaturinspektor abgestimmt. Für den Ablauf der Reparatur war ich verantwortlich und somit voll in Aktion. Die Reparatur dauerte etwa fünf Tage, und es war auch am Abend genug Zeit für Landgänge. Also ging es unter anderem zum Muschelessen in das Restaurant „De Koperen Ketel“ in der Wiegestraat, manchmal in die „Lachende Koe“ mit rustikalem „Oberbayern Orchestra“, in der Nähe des Rooseveltplatzes (etwa beim Hauptbahnhof) gelegen, wo es lustig zuging.

Am 7. April verließen wir Antwerpen, es ging in Richtung Zypern und Libanon. Wir hatten Ladung für Limassol, dort blieben wir einige Tage, die Landgänge waren immer ein schönes Erlebnis.

Auf Reede Beirut warfen wir am 22. April gegen 07:00 Uhr den Anker. Es sah nicht gut aus, denn mit uns lagen hier über 30 Schiffe auf Warteposition. Es begann wieder eine elend lange Reedezeit. Endlich liefen wir am 14. Mai in den Hafen ein.

Der Lotse, ein kleines, unscheinbares Männchen, auf dem Kopf einen Fez, machte immer schon beim Passieren an der Mole vom Lotsenboot aus wilde Handzeichen zum Hieven des Ankers. Er kannte nur zwei Manöver: „Full Ahead“ und „Full Astern“. Das führte oft dazu, daß die Anlaßluftflaschen für den Hauptmotor, auch wegen der Vielzahl der Manöver, fast leer waren und einem der Angstschweiß auf der Stirn stand. Aber seine An- und Ablegemanöver verliefen fast ohne Probleme. Bis auf einen Vorfall, der hämische Lacher auslöste. Ein Kapitän setzte ein berühmtes Telegramm an die Reederei ab: „Einlaufen Beirut – Schute versenkt – Besatzung wohlauf.“

Von Beirut, wo wir am 18. Mai ausliefen, war es keine Entfernung nach Larnaca auf Zypern, etwa zehn Stunden. Im Libanon und auf Zypern war unser Schiff beladen worden, und am 21. Mai waren wir auf „Heimreise“. Am 27. Mai passierten wir um 22:30 Uhr Gibraltar, löschten unsere Ladung in Antwerpen und Hamburg und waren am 4. Juni um 15:00 Uhr in Rostock fest an der Pier.

Ich bekam nun endlich, zur Freude meiner Familie, im Sommer meinen Urlaub.

Durch meine Reederei hatte ich einen Urlaubsplatz bei Dresden erhalten, das war auch für unseren Sohn ein besonderes Erlebnis. Die bekannten Sehenswürdigkeiten standen auf unserem Programm, natürlich auf unseren Sohn abgestimmt, auch die Festung Königstein, Pirna, Fahrt mit einem Raddampfer auf der Elbe und Wanderungen. Das Indianermuseum in Radebeul gefiel unserem Sohn besonders.

Nach meinem Urlaub ging ich am 21. September mit dem MS „Weida“ wieder auf Mittelmeerreise. Von Wismar aus ging es durch den Nord-Ostsee-Kanal zu unseren Ladehäfen Hamburg und Bremen, und am 25. September waren wir dann in Dünkirchen.

In Frankreich waren wir fast fünf Tage, und am 12. Oktober warfen wir um 19:00 Uhr auf Reede von Lattakia den Anker. Nach fünf Tagen verholten wir in den Hafen, machten an Tonnen fest, und die Ladung wurde in Bargen gelöscht. Wer an Land wollte, mußte mit Barkassen fahren. Das war immer ein Abenteuer, denn die Syrier machten, was sie wollten; die Rückfahrt erfolgte nur mit Bakschisch, und am Abend stiegen die Preise enorm. Nach etwa sieben Tagen hatten wir diesen Hafen überstanden und waren am 24. Oktober in Larnaca auf Zypern. Dieser Hafen war wieder eine richtige Erholung.

Nun fuhren wir zu unserem Ladehafen Izmir in der Türkei, und nach drei Reedetagen liefen wir dort ein, um „Vollschiff“ von diesem nicht ungefährlichen Expeller in Schüttladung zu übernehmen. Es war nun genug Zeit für Landgänge in dieser mir bekannten Stadt.

Am 13. November liefen wir aus, unser erster Löschhafen war Bremen und dann Hamburg. Danach ging es durch den Nord-Ostsee-Kanal nach Arhus in Dänemark, wo wir den restlichen, aber größten Teil der Ladung löschten.

Inzwischen hatte sich die Notwendigkeit für einige größere Reparaturen ergeben, und außerdem hatte die Reederei eine Überraschung mit uns vor, die in ein anderes Fahrtgebiet führen sollte. Es war Kuba vorgesehen. Das mußte wohl dringend sein, denn unser doch im Verhältnis kleines Schiff war eigentlich für solche Atlantikreisen nicht konzipiert.

Also gingen wir in Aalborg/Dänemark in die mir bekannte Schiffswerft und lagen dort am 4. Dezember im Trockendock. Eine Werftliste hatte ich erstellt und mit dem Reparaturinspektor abgestimmt.

Die Reparaturdurchführung verlief wieder zügig und kompetent, somit konnten wir schon am 8. Dezember die Werft verlassen, und am nächsten Tag waren wir im Überseehafen Rostock. Wir ahnten nichts Gutes, Weihnachten war in Gefahr, aber die schleppende Beladung des Schiffes verhieß das Gegenteil.

Von der Reederei kam am 22. Dezember plötzlich die Mitteilung, das Schiff solle am nächsten Tag auslaufen. Unsere Ahnung hatte sich bestätigt, denn es wurde in allen Landbereichen auf einmal hektisch gearbeitet. Der Kapitän bat um ein Gespräch beim Flottendirektor, versuchte dort, daß die Besatzung zumindest den Heiligabend bei ihren Familien verbringen konnte.

Denn die Reise direkt nach Kuba und die dortige Situation erforderten keine schnelle Ankunft in Havanna. Der Kapitän hatte mich zu diesem Bittgang mitgenommen. Wir hatten uns beide in unsere Uniform geschmissen, aber unsere Argumentation half auch nicht. Wir mußten uns einen Vortrag über „sozialistische Planerfüllung“ anhören, wurden mit einem feuchten Händedruck und „Frohe Weihnachten“ entlassen.

Am 23. Dezember verließen wir um 00:37 Uhr Rostock. Ich hatte mit meiner Familie Weihnachten schon vorgefeiert, denn was blieb einem als Seemann übrig.

Am 24. Dezember hatten wir Quessant querab, es ging in den Atlantik, und bei Seegang der Stärke 6 verging einem Weihnachten und „O du fröhliche ...“.

Nach einer verhältnismäßig ruhigen Atlantikfahrt waren wir nach fast

18 Tagen am 9. Januar 1976 gegen Mittag vor Havanna. Eine Ankerung war hier wegen der Wassertiefe nicht möglich, somit dampften und trieben wir vor Havanna umher, bis eine Entscheidung getroffen war, denn es gab für uns keinen Liegeplatz im Hafen. Durch unsere Reedereivertretung kam dann die Mitteilung, es würde wohl eine Weile dauern, bis ein Liegeplatz frei wird, und wir sollten uns irgendwo einen ruhigen Ankerplatz suchen. Also liefen wir am 10. Januar von Havanna ab, fuhren etwa 140 Seemeilen zu den Bermudas und gingen bei der Cay Sal Bank vor Anker. Hier in der Karibik hatten wir smaragdgrüne See, Sonne pur, kein Schiff in der Nähe, und wir konnten angeln. Nur Schwimmen war nicht angesagt, wegen der Haigefahr.

Nach 14 Tagen war es dann soweit, wir verließen diese Idylle, liefen am 24. Januar früh in Havanna ein, gingen auf Innenreede vor Anker, und es sah so aus, als wenn uns eine lange Hafenliegezeit bevorstand. Hier vor Anker zu liegen, hieß noch lange nicht, daß die Ladung gelöscht wurde, das würde noch Tage dauern. Aber wir waren schon insofern froh, daß wir Frischwasser bunkern und Frischproviant übernehmen konnten. Beim letzteren gab es in Kuba erhebliche Probleme, und das nicht nur für den „einfachen" Kubaner. Aber wer Dollars hatte, für den gab es keine Versorgungsengpässe, der war nicht auf die staatlichen Zuteilungen angewiesen. Seit meinem letzten Aufenthalt auf Kuba hatte sich in dieser Hinsicht nicht viel geändert, und ich konnte nur die Menschen bewundern, die mit dieser Situation fertig wurden. Nun sah ich auch die Dinge im „sozialistischen Kuba" kritischer.

Wir bekamen unsere gewünschte Ausrüstung, und das natürlich auf Valutabasis.

Hier auf Innenreede lagen wir längsseits, also im Päckchen, mit unserem Reedereikühlschiff MS „Fritz Reuter", die ebenso auf die Abfertigung warteten. An den Hafenanlagen hatte sich auch nicht viel geändert, das Löschen der Ladung geschah immer noch mit eigenem Ladegeschirr, Schwimmkran oder mit mobilen Landkränen, und das nahm viel Zeit in Anspruch.

Das Brackwater im Hafen war sehr verschmutzt, und das nicht nur mit Öl, so dreckig hatte ich es nicht mehr in Erinnerung. Mit Barkassen konnten wir an Land fahren, das war einigermaßen organisiert, aber mit den Zeiten nahm man es nicht so genau. Mit dem Kapitän machte ich auch einen Besuch bei unserer Reedereivertretung für Kuba, die personell sehr groß war. Als ich mich vorstellte, kannten viele noch meinen Bruder, der hier einmal der Chef war; dadurch wurde nicht nur ich sehr bevorzugt behandelt.

Ich hatte eine Bitte, denn meine Mutter hatte mir für eine bekannte kubanische Familie, ehemalige Sekretärin meines Bruders, ein großes Paket mit allen möglichen Dingen mitgegeben, die auf Kuba Mangelware waren. Damit mußte ich nun durch den Zoll, aber wie in der DDR, mit Beziehungen ist in Kuba auch alles möglich.

Ich besuchte dann diese Familie, hatte noch Schokolade und andere Süßigkeiten mitgenommen und auch amerikanische Zigaretten, die immer noch als Währung galten. Die Familie wohnte etwas außerhalb von Havanna in einem hübschen Einfamilienhaus. Ich wurde sehr freundlich empfangen, für die Kinder fiel Weihnachten und Ostern auf einen Tag, und mir traten fast die Tränen in die Auge, wie sich alle freuten, denn Schokolade und ähnliches hatte Seltenheitswert. Ich begab mich in der Dunkelheit alleine, das war etwas abenteuerlich, zurück nach Havanna. In der Hafengegend, die noch verfallener als früher war, bestellte ich mir erst einmal in einer heruntergekommenen Bar, die ich anders in Erinnerung hatte, einen „Cuba Libre", denn das Erlebte mußte ich erst einmal verdauen. Außerdem wartete ich elendig lange, bis mich eine Barkasse zurück an Bord fuhr, aber das klappte dann mit Dollars.

Nach einigen Tagen wurde damit begonnen, unsere Ladung zu löschen. Wir hatten sogar einen Platz an der Pier, und es war nicht mehr so kompliziert, an Land zu kommen. Unser Kapitän besorgte Plätze im „Tropicana" für die bekannte Revue, aber das auch nur gegen Dollars, und das war einigen zu teuer. Durch die Reedereivertretung wurden auch Ausflüge organisiert, und einer, an dem ich teilnahm, führte in die Villa von Hemingway, die heute ein Museum ist.

Nun trat ein Ereignis ein, mit dem ich nicht gerechnet hatte, denn ich hatte mich an der Ingenieurhochschule in Warnemünde für ein Hochschulstudium beworben, um meinen Abschluß als Diplomingenieur zu erreichen. Der Kapitän möge meine Rückreise nach Deutschland veranlassen. Am 17. Februar 1976 verließ ich das Schiff und sollte mit der DDR-Fluggesellschaft „Interflug" nach Hause fliegen.

Mein Flug war für den 18. Februar vorgesehen, und ich war am Morgen auf dem Flughafen von Havanna. Meine Abflugzeit war erst um 11:00 Uhr, und nach dem problemlosen Passieren der Kontrollbehörden ging ich in den Transitraum mit den Valutashops und Restaurants. In der Bar war Stimmung angesagt, eine Crew eines Fischdampfers vom Fischkombinat Rostock, die in Kuba „sozialistische Hilfe" leistete, feierte mit Kuba-Rum ihre Ablösung und den Heimflug. Ich dachte so bei mir: Wenn das mal gutgeht … Es ging gut, denn eine Stewardeß meinte im Flugzeug zu mir: „Das sind wir gewöhnt, und die schlafen bald." Das stimmte dann auch, denn ihr Seenotproviant in Form von Kuba-Rum ging zur Neige. Mit uns flogen, so wie es aussah, auch etliche DDR-Touristen. Wir flogen von Havanna nach Gander in Kanada auf Neufundland, denn dort sollte der notwendige Treibstoff für den Flug nach Berlin-Schönefeld gebunkert werden, auf Kuba gab es damit Probleme. In Gander waren nur die Landebahn und die notwendigen Wege schneefrei, der Schnee türmte sich in der Umgebung meterhoch. Dieses Klima bedeutete nun einen gewaltigen Sturz der Temperaturen, und nicht nur ich fror erbärmlich. Da das Flugzeug betankt wurde, mußten alle das Flugzeug verlassen, und die Pässe wurden kontrolliert. Nach einigen Stunden starteten wir wieder zum Weiterflug. Auffällig für mich war, daß eine große Anzahl von DDR-Bürgern nicht mehr unter den Passagieren weilte. Das war der nicht vielen bekannte Weg, um die DDR zu verlassen, also die sogenannte „Republikflucht", und Kanada gewährte Asyl. Am 19. Februar war ich dann in Berlin, und mit der Reichsbahn fuhr ich dann weiter nach Rostock. Ich hatte mich nicht angemeldet, die Familie fiel aus allen Wolken, als ich so unerwartet vor der Tür stand, freute sich aber riesig, daß ich nun einige Zeit zu Hause blieb. Die Überraschung war mir gelungen.

Studium in Warnemünde

Das Aufbaustudium, ich war Fachschulingenieur, sollte in drei Semestern zum Diplomingenieur führen. Nach jedem Semester kam wieder ein halbes Jahr aktive Seefahrt in der jeweiligen Funktion. Ich wußte, daß dieses Studium für mich und auch für die Familie kein leichter Weg sein würde. Aber es war mir klar, daß für meine Zukunft dazu die Notwendigkeit bestand, denn ich war nicht der Typ, der auf halbem Weg stehenblieb, und der Ehrgeiz ist eine Triebkraft.

Von Uschi wurde ich in meiner Meinung und in diesem auch für die Familie Streß bedeutenden Vorhaben voll unterstützt. Ich mußte zwar 180 „freie Tage", die ich mir auf See erarbeitet hatte, für das Studium abgeben, aber ich bekam für das gesamte Studium mein volles Gehalt von der Reederei, und das war ein erheblicher Vorteil.

Der 1. März 1976 war mein erster Studientag, und mit mir 20 Kommilitonen. Das erste Semester war eine harte Zeit, es waren viele technische Fächer zu bewältigen, und ich merkte, daß das neue Wissen doch erhebliche Lücken, die ich hatte, schloß. Aber wir wurden auch in vielen Wochenstunden mit Marxismus-Leninismus (ML) bis zur „Kotzgrenze" vollgestopft, und es half nur auf Durchgang schalten, aber ML war Hauptfach, und das war für das Bestehen des Studiums wichtig.

Am 18. Juli war Semesterende, und ich hatte es geschafft. Nun hieß es erst einmal Urlaub machen und Streß abbauen.

Es dauerte nicht lange, die Reederei brauchte mich wieder, und ich mußte nun auf allen möglichen Schiffen als Urlaubsvertretung oder bei Notfällen einspringen.

Am 4. August trat so ein Fall ein, ich sollte nach Antwerpen. Das bedeutete für mich mit der Deutschen Reichsbahn nach Berlin fahren, von dort mit „Interflug" nach Amsterdam und dann mit der Bahn weiter nach Antwerpen.

Dort lag das MS „Recknitz", das Schiff kannte ich, und wir liefen dann auch gleich aus. Ohne eine Übernahme/Übergabe durch den Stamm-Chiefengineer fand ich mich schnell zurecht.

Wir fuhren nur einige Stunden nach Terneuzen in Holland, das Schiff übernahm hier fünf Tage lang weitere Ladung für einige Mittelmeerhäfen.

Am 11. August gingen wir auf Seereise zu unserem Löschhafen Yarimka in der Türkei, am Golf von Izmit im Marmarameer. Zu diesem Hafen mußten wir die Dardanellen passieren, und das bedeutete Revierfahrt: Der Maschinenraum mußte wegen ständiger Manöverbereitschaft immer besetzt sein, und das war entsprechend stressig. Am 21. August gingen wir dann um 00:04 Uhr in dem mir unbekannten Hafen vor Anker.

Yarimka kann man als Hafen der Stadt Izmit (antike Stadt Nikomedeia, gegründet 264 vor Christus) betrachten, Verwaltungszentrum der Provinz Kocaeli und aufstrebendes Industriezentrum. Wir lagen an einer heruntergekommenen Pier, und unsere Ladung wurde mit dem eigenen Bordgeschirr gelöscht. Die türkischen Schauerleute bedienten die elektrischen Ladewinden wie die Irren, es gab etliche Ausfälle bei den Steuerungen der Ladewinden, und unser Bordelektriker war nach Absprache mit mir ständig auf Kontrollgang. Das hatte „Richy", unser Kapitän, mit seinen Argusaugen erblickt. Er stand in der Brücke und überwachte mit seinem Fernglas den Löschvorgang. Ich wurde auf die Brücke zitiert „Richy" stand wie immer in voller Uniform mit Ordensspange vor mir und fragte: „Hat dieser Elektriker denn keine Arbeit? Der steht dort nur an Deck herum."

Ich erklärte ihm den Sachverhalt, er gab sich damit zufrieden, ich wurde ehrenvoll entlassen und konnte wieder an meine Arbeit gehen. Der Chiefmate, den ich von früher kannte und der die Angelegenheit mitbekommen hatte, meinte zu mir, er habe auch einige Probleme mit „Richy", aber wir sollten mit dem Oldtimer – „Richy" war weit über 60 Jahre – rücksichtsvoll sein, und außerdem sei der Kapitän neu an Bord.

Nun, diese Hafenliegezeit brachten wir dann auch glücklich und zur Zufriedenheit des Kapitäns zu Ende und fuhren weiter nach Griechenland.

Am 2. September waren wir vor Piräus und gingen nach kurzer Wartezeit gleich an die Pier. In Piräus war ich ja schon oft, aber ich hatte es nie geschafft, an dem Weinfest beim Kloster Daphni teilzunehmen, das immer im Herbst stattfand. Das berühmte Kloster liegt in der Nähe von Athen und ist von Piräus mit einem Linienbus gut zu erreichen. Mit einigen Besatzungsmitgliedern machte ich mich am späten Nachmittag des 3. September dorthin auf den Weg. Man mußte nur einen geringfügigen Eintritt bezahlen und bekam ein Glas in die Hand gedrückt. Es gab süßen Mavrodafni, ein Wein mit „Schwarzem Lorbeer" aus der Gegend, viele Weine aus ganz Griechenland, und man konnte trinken, soviel man wollte. Das hatte natürlich

Auswirkungen, wenn man aus den aufgebauten Holzfässern eingeschenkt bekam und alles durcheinander trank. Es gab auch einen großen Weinspringbrunnen, und einige angesäuselte Briten wollten darin baden. Die Polizei war für solche Fälle präsent. Auf dem großen Gelände, wo das Weinfest stattfand, gab es Restaurants, Imbißstuben, griechische Musikkapellen, und die Stimmung war bombig. Es ergab sich, daß wir einige Touristen aus Westdeutschland kennenlernten, die wunderten sich, daß hier DDR-Bürger waren, dazu noch lustig und aufgeschlossen.

Spät in der Nacht fuhren wir stark angeschlagen mit dem letzten vollbesetzten „Lumpensammlerbus“ und singenden Fahrgästen zurück nach Piräus. Der Tag danach war fürchterlich, aber Dienst ist Dienst.

In unserem nächsten Hafen, Izmir in der Türkei, trafen wir am 7. September ein und gingen für einen Tag auf Reede vor Anker, wo auch die gefährlichen Güter, die wir geladen hatten, gelöscht wurden. Im Hafen lagen wir fast sieben Tage und luden wieder Expeller als Schüttladung. Spät am Abend des 15. Septembers liefen wir zu unseren Bestimmungshäfen auf dem Kontinent aus.

Eines Abends auf See rief mich der Wachingenieur an, er habe Probleme mit dem Heizungssystem für die Wohnbereiche der Besatzung und könne den Fehler nicht finden. Die Heizung erfolgte mittels Warmwasser und Flachheizkörpern in den einzelnen Räumen. Im System war eine Leckage, und der Wachingenieur hatte schon mehrmals Wasser nachgefüllt. Wir suchten alle möglichen Stellen im Maschinenraum und sonstige technische Räume auf eine Leckage ab, aber erfolglos, und somit kamen nur noch die Wohnräume in Frage. Nach einer Weile kam ein Anruf von der Brücke, der Chief solle sofort zum Kapitän kommen.

Dem kam ich nach, und schon vor seiner Kabinentür sah ich Wasserlachen. Ich dachte: Das fehlt dir auch noch, gerade beim Kapitän. Mein „Richy“ machte einen sehr aufgeregten Eindruck und zeigte mir ein kreisrundes Loch von etwa zehn Millimeter im Durchmesser in einem Heizkörper, aus dem Wasser heraussprühte. Ich drehte erst einmal die Ein- und Austrittsventile zu, tapste durch die Wasserlachen zu seiner Wohnecke, wo er mir sogar ein Bier anbot.

Nun versuchte er, mir klarzumachen, daß der Heizkörper durchgerostet sei und daß das bei so einem alten Schiff normal sei. Ich sah mir das Loch noch einmal genau an, von Rost war nichts zu sehen, und der Stahl war blank.

Mir ging einiges durch den Kopf, und plötzlich kam mir die irrwitzige Idee: Der wird doch nicht in die Heizung geschossen haben? Ich schnupperte in die Raumluft, die mir schon beim Betreten sehr verdächtig vorkam, es roch nach Pulverdampf einer Schußwaffe.

Man muß natürlich wissen, daß fast alle Reedereischiffe mit Handfeuerwaffen ausgerüstet waren, die im Ernstfall, was immer man darunter verstand, dann unter vertrauenswürdigen Besatzungsangehörigen verteilt und eingesetzt werden sollten. Eine regelmäßige Schulung und „Schießen" fand fast immer in Rostock statt. Ich gehörte auch zu den „Auserwählten", lehnte aber den Einsatz von Schußwaffen ab, denn ein Held wollte ich nicht sein, außer wenn mich jemand angriff. Ich sagte „Richy", daß wir am nächsten Tag die Heizung reparieren, vielleicht würden wir ja auch die Kugel finden, und damit wäre die Angelegenheit erledigt. Aufbrausend, aber sich dann beruhigend sagte er, er habe „beim Reinigen der Waffe wohl eine Patrone im Lauf gehabt". Wie er das der Stasi beibringen wollte, die im Heimathafen sofort die Waffen kontrollierte und einzog, das war sein einziges Problem. Gott sei Dank, er lebte ja noch, denn es hätte ja schlimm ausgehen können.

Inzwischen waren die Stewardessen dabei, die Wasserschäden zu beseitigen. Ich war wegen technischer Mängel wieder wie immer der Schuldige, aber das nahm ich in Kauf.

Am 26. September waren wir in Hamburg (Grenzkanal), löschten mit Elevatoren den größten Teil unserer Ladung und fuhren weiter nach Aabenraa in Dänemark. Diese Stadt liegt etwa 30 Kilometer nördlich von Flensburg, hat eine sehenswerte Altstadt und ist ein wichtiger Handelshafen. Anschließend fuhren wir nach Wismar, wo wir am 2. Oktober ankamen und ich mich nach einigen Tagen, Gott sei Dank, von „Richy" verabschieden konnte.

Ich bekam einige Tage frei und konnte zusammen mit der Familie sogar Uschis Geburtstag feiern.

Es ergab sich ein neuer Einsatz, ich mußte auf das MS „Tollense". Dieses Schiff war mir bekannt, und somit hatte ich keine größeren Probleme.

Das Schiff wurde in Wismar voll beladen, und wir fuhren am 28. Oktober direkt nach Tartus, einem Hafen in Syrien. Nach 4093 Seemeilen gingen wir dort am 10. November vor Anker.

Alles deutete darauf hin, daß mit einer langen Reede- und Hafenliegezeit zu rechnen war, denn viele Schiffe lagen vor Anker, und der Hafen war überfüllt. Nach tagelanger Wartezeit waren wir dann endlich in dem zweitwichtigsten Hafen Syriens. Diese Stadt hat eine sehr lange Geschichte, die auf das 1. Jahrtausend vor Christus zurückgeht. Die Landgänge, die ich unternahm, lenkten vom Bordalltag ab.

Wie vermutet zog sich der Löschvorgang sehr in die Länge, und es begann zu weihnachten. Das Weihnachtsfest verlebten wir in Syrien, und erst am 27. Dezember verließen wir endlich diesen unansehnlichen Hafen. Da wir Probleme mit dem Radar und UKW hatten, mußten wir die Reede von Piräus anlaufen und gingen dort am 30. Dezember vor Anker. Nach erfolgter Reparatur durch eine Spezialfirma liefen wir dort am 31. Dezember um 15:30 Uhr ab und fuhren zu unserem türkischen Ladehafen Bandirma im Marmarameer. Also verbrachten wir Silvester auf See, und da war nichts mit Party.

Am 1. Januar 1977 um 10:55 Uhr liefen wir die Dardanellen an, und um 22:00 Uhr waren wir endlich in Bandirma an der Pier fest. In der Antike hieß die Stadt Panormos. Sie liegt am südlichen Rand des Marmarameeres und ist ein beliebter Urlaubsort mit vielen schönen Sandstränden. Dadurch gibt es viele Hotels, und die wirkliche türkische Küche kann man in den vielen Restaurants finden. Wir blieben hier vier Tage, luden wieder Expeller, fuhren dann in das nur sechs Stunden entfernte Gemlik, wo wir dann die gleiche Ladung weiter luden. Die Stadt Gemlik ist das frühere Kios, unweit von Bursa, und wird schon in der Argonautensage erwähnt. In Zeiten der Seidenstraße war Kios eine der reichsten Städte im Mittelmeer, denn sie lag am Ende der Handelsroute nach China. Wie oftmals in der Geschichte, gab es auch hier ein tragisches Ende dieser griechischen Stadt. Denn mit dem griechisch-türkischen Krieg von 1922 mußte die griechische Bevölkerung die Stadt verlassen.

Von der ehemaligen blühenden griechischen Ansiedlung gibt es nur noch verfallene Häuser, und die orthodoxe Kirche wurde zur Moschee. Der antike Hafen wurde durch die Neustadt verschüttet, und an der Stelle der Akropolis befindet sich eine Militäranlage. Also, von der Sache her war es für mich keine sehenswerte Stadt.

Nachdem unser Schiff voll beladen war, liefen wir am 8. Januar zu unserem Bestimmungshafen Rotterdam aus. Das Mittelmeer meinte es gar nicht gut mit uns, auf der Höhe von Kap Passero bei Sizilien wurden wir, mit Seegang der Stärke 8 bis 9, bis Gibraltar stark durchgeschüttelt. Der Atlantik und die Biskaya waren auch nicht besser. Als wir am 20. Januar um 02:00 Uhr Hoek van Holland erreichten, konnten wir endlich aufatmen, und nach einigen Stunden waren wir dann in Rotterdam an der Pier fest. Das Löschen der gesamten Schüttladung mit Elevatoren verlief verhältnismäßig schnell, und so waren wir am 24. Januar wieder in Wismar. Nach zwei Tagen musterte ich ab, konnte zu meiner Familie und bereitete mich auf das zweite Semester meines Studiums vor.

Das begann dann am 14. Februar 1977.

Während des zweiten Semesters mußten wir eine Vielzahl technischer Fächer absolvieren und Versuchsreihen durchführen, die ich manchmal als sinnlos und für die Praxis als unbrauchbar ansah. Dazu kam, daß der überwiegende Teil von uns nicht die Absicht hatte, in die Forschung zu gehen. Wir bewegten uns in der höheren Mathematik, ich plagte mich mit Dingen wie Differential- und Integralrechnung ab. Besonders beliebt bei mir war die Elektrotechnik und mit ihr die gesamte Vektorenrechnung. Gegen Ende des Semesters schlossen wir auch einige Fächer ab, das bedeutete schriftliche und mündliche Prüfungen, aber irgendwie schaffte ich es, und an den Streß hatte ich mich so langsam gewöhnt. Wir wurden in Schiffssicherheit, Antihavarietraining, auch im Verhalten beim Einsatz von automaren, chemischen und gasförmigen Kampfstoffen, insbesondere in der Seeschiffahrt, gedrillt. Dazu mußten wir dann in den Stützpunkt der DDR-Volksmarine nach Markgrafenheide/Warnemünde. Mit Atemschutzgeräten wurden wir dort in eine Übungskammer geschickt, die mit Rauchbomben und Tränengas gefüllt war, und mußten mehrere Übungen durchführen. Einige kamen mit Tränen in den Augen wieder heraus, weil die Masken nicht richtig saßen und vom ständigen Gebrauch nicht mehr richtig abdichteten. In diesem Marineobjekt gab es auch ein sogenanntes „Leckwehrkabinett“, das war ein riesiges Wasserbassin, einem Unterwasserschiff nachgebildet, hier wurde das Abdichten von Unterwassereinschüssen geprobt. Dazu mußten mit Balken und Bohlen die Einschußöffnungen, die von einer Schaltzentrale plötzlich geöffnet wurden, abgedichtet werden. Wir standen bis zum Hals im kalten Wasser, und die Marine grinste! Auf einem kleinen ausgemusterten und umgebauten Kriegsschiff wurden Maschinenraumbrände simuliert, dort trainierten wir in Schutzanzügen das Löschen und Verhalten bei solchen speziellen Bränden.

In der Meeresschwimmhalle im Warnemünder Hotel „Neptun“, in der auch das Simulieren von Seegang möglich war (mit Ostsee-Meerwasser), übten wir das Aufrichten von in See umgeschlagenen Rettungsflößen. Mit dem sogenannten Hochseeschlepper und Eisbrecher „Stephan Jantzen“ wurde in der Ostsee mit uns eine Seenotübung durchgeführt.

Seenotübung mit „Stephan Jantzen“ in der Ostsee

Endlich, Ende Juli 1977, war das zweite Semester beendet, und ich hatte es geschafft. Von meiner Reederei bekam ich einen Urlaubsplatz, wir fuhren alle drei in den Harz nach Harzgerode. Inzwischen hatten wir auch ein „Auto“, den berühmten „Trabant“. Wir waren somit beweglicher und machten einen Abstecher nach Berlin.

Unserem Sohn gefiel die stramme Wachablösung der „Nationalen Volksarmee“ an der Mahnwache in der Nähe des „Palastes der Republik“. Meinem Sohn erzählte ich aber nicht, daß diese Paradesoldaten des Wachbataillons nach dem berüchtigten KGB-Gründer „Felix Dserschinski“ benannt wurden und zur DDR Staatssicherheit gehörten, das hätte er nicht begriffen. In Berlin sahen wir uns den „Palast der Republik“ an und gingen in das Pergamon-Museum, über dessen Geschichte ich einiges erzählen konnte.

MS „Mulde“

Es kam, wie es kommen mußte: Ein neuer Einsatz war vorgesehen. Ich wurde plötzlich auf das MS „Mulde“ beordert, der Stamm-Chiefengineer hatte persönliche Probleme, und so lief ich am 8. September 1977 sofort mit dem mir unbekannten Schiff in Richtung Mittelmeer aus.

Das MS „Mulde“, ex MV „Sunima“, wurde 1958 bei der Schiffswerft A/S Varft & Dock in Norwegen gebaut und im Dezember 1964 von der Deutschen Seereederei Rostock mit dem Schwesternschiff MS „Unstrut“ und MS „Bode“ im kapitalistischen Ausland gekauft. Das Schiff war für Stück- und Schüttgut konzipiert und hatte eigenes Ladegeschirr.

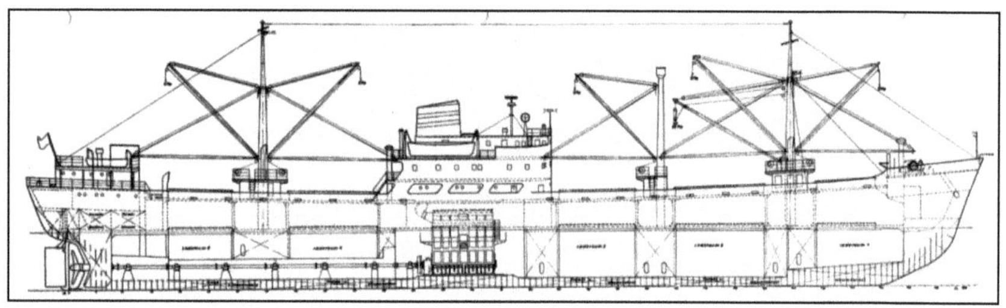

Einige Parameter:
Länge: 108,2 Meter
Breite: 14,8 Meter
Tiefgang: 7,4 Meter
Deplacement: 7976 Tonnen
Geschwindigkeit: 14,0 Knoten
Hauptmotor: Werkspoor, Amsterdam, Typ KEBS 606/110 mit 3600 PS
Kraftstoffverbrauch: 160 g/PSh Marine Diesel Fuel

Einige der technischen Anlagen waren neu für mich, aber in kürzester Zeit hatte ich das im Griff. Nur der Hauptmotor war für mich ein Wunderwerk. Der Konstrukteur wollte wohl neue technische Wege gehen, bzw. er war seiner Zeit weit voraus, aber es wäre auch einfacher gegangen, denn der Betrieb und die Wartung des Motors waren eine Herausforderung. Wie ich später erfuhr, soll der Konstrukteur spurlos verschwunden sein, es wurde von Selbstmord gemunkelt, und wenn das wegen des Schiffsmotors war, hätte ich sogar Verständnis dafür.

Nach einigen Tagen ruhiger Seefahrt erreichten wir Ceuta. Die autonome spanische Enklave im Mittelmeer, gegenüber von Gibraltar auf einer 18,5 Quadratkilometer großen Halbinsel gelegen, gehört geografisch zu Afrika im Norden Marokkos. Die Enklave war zollfrei und Bunkerhafen vieler Schiffe. Wir bunkerten 53,2 Kubikmeter Dieselkraftstoff für die Hilfsdiesel, also für die Stromgeneratoren, und das dauerte nur einige Stunden.

Der Schiffshändler machte mit dem gelieferten Proviant sein Geschäft, von der Besatzung wurden hier oft Zigaretten, spanischer Wein und der berüchtigte Brandy „508" in schönen großen bunten Flaschen gekauft, das war aber ein richtiges Teufelszeug.

Am 16. September verließen wir Ceuta und fuhren nach Piräus, wo wir am 21. September vor Anker gingen. Nach einem Tag auf Reede liefen wir ein und blieben für fast vier Tage im Hafen. Inzwischen hatte ich mich mit den gesamten technischen Anlagen vertraut gemacht, und das war auch dringend nötig, denn im Heimathafen hatte man mir nebenbei gesagt, das Schiff gehe in Varna/Bulgarien in die Werft, und ich mußte mich nun in dieser kurzen Zeit in die Werftliste einarbeiten.

Zuerst sollte es aber noch nach Istanbul gehen, um die restliche Ladung zu löschen. Dort waren wir am 27. September und machten auf der asiatischen Seite bei Üsküdar an einer kleinen Pier fest. Ich fand auch jemanden von der Besatzung, der mit mir eine Tour nach Istanbul unternahm, denn der Fahrpreis für die Fähren war gering, und man kam ja nicht immer in eine so interessante Stadt. Also fuhr ich mit „Kurt", der Istanbul noch nicht kannte, zuerst in den „Kapali Carsi"; er wollte zum Goldbazar, um für seine Frau ein Geschenk zu kaufen, und ich meinte: „Da kenne ich mich aus."

Ich wollte aber zur Zisterne „Yerebatan Sarnici", denn ich hatte irgendwo den James-Bond-Film „From Russia With Love" mit Sean Connery gesehen; da spielten einige Szenen in dieser Zisterne, und das wollte ich unbedingt sehen. „Kurt" erklärte mich wohl für leicht verrückt, denn er schaute mich so ungläubig an. Er war dann mit der Tour einverstanden, aber zuerst zum Goldbazar. Dort handelten und feilschten wir in arabischer Manier. „Kurt" hatte, was er wollte, der Preis stimmte für ihn und für den Händler auch, denn übers Ohr gehauen wurdest du sowieso.

Natürlich besichtigten wir auch die „Blaue Moschee“ und die „Hagia Sophia“, denn die lagen in der Nähe unseres Zieles. Die 1500 Jahre alten Bauwerke mit christlicher Vergangenheit sind immer wieder sehr beeindrukkend. Der Eingang zur Zisterne lag in der „Yerebatan Caddesi Nummer 7“, gegenüber der „Hagia Sophia“, und der Eintritt ist erschwinglich. Die imposante Zisterne hat eine Fläche von 80.000 Quadratmeter, war noch mit Wasser gefüllt und wird von riesigen Steinsäulen abgestützt. Über hölzerne Stege kann man durch die in den Jahren 523 bis 542 gebaute Zisterne gehen. Bond ist mit dem Boot gefahren. Es war sehr interessant, und auch „Kurt“ war beeindruckt.

Am 29. September fuhren wir dann durch den Bosporus und waren am nächsten Tag gegen 19:00 Uhr in der Schiffswerft. Ich sah mir am nächsten Tag bei Tageslicht die Werft an und dachte: Mein Gott, das Werftgelände und die barackenförmigen Gebäude sehen sehr heruntergekommen und schmutzig aus, was soll das bloß werden?

Nun begann die Werftabsprache, entsprechend der Reparaturliste, die in russischer und deutscher Sprache vorlag. Der Reparaturinspektor der Reederei war aus der DDR angekommen. Die Bulgaren waren alle nett und freundlich und unser Dolmetscher ebenso, denn ohne den lief hier wohl überhaupt nichts, und mit meinem Schulrussisch konnte ich nur begrenzt etwas anfangen. Wie erklärst du einem Bulgaren auf russisch eine Ventilsteuerung vom Hauptmotor, die wir „Hundehütte“ nannten? Das wurde als Scherz aufgefaßt, war es aber nicht. Mit Englisch ging überhaupt nichts, aber mit technischen Zeichnungen konnten einige Fragen geklärt werden. Ich ahnte für das Wunderwerk „Hauptmotor“ Fürchterliches, und das sollte sich dann später leider auch bestätigen.

Кораборемонтен завод — Варна

ПРОПУСК

на др.

№ на паспорта

от коя страна

на кораб

Важи с паспорт

Важи до 19 год.

Дата на издаването 19 год.

Н-к бюро пропуски

Ausweis für die Schiffswerft

Nach einigen Tagen bekam ich die erfreuliche Mitteilung, der Stammchief kommt wieder, und mir fiel ein Stein vom Herzen, denn diese Schiffswerft war eine Zumutung. Mein Flug war gebucht, ich verließ am 7. Oktober das sonnige Bulgarien. Sehr viel hatte ich nicht von Varna und dem sogenannten „Goldstrand" gesehen, aber darüber war ich nicht unglücklich.

Mit mir nach Ost-Berlin flogen etliche von Bulgarien begeisterte DDR-Touristen, und daß ich dem nicht so ganz folgte, klärte sich nach einigen Gesprächen, denn abseits der Touristenwege sieht nicht nur in Bulgarien die Welt ganz anders aus. Der Abflug war um 03:45 Uhr und die Ankunft in Berlin um 05:00 Uhr.

Um nach Rostock zu kommen, mußte ich einige Unbilden in Kauf nehmen, denn es war Nationalfeiertag, man feierte die Gründung der DDR (1949). Nun, irgendwie gelang mir das auch, meine Familie war erstaunt und erfreut, daß ich wieder zu Hause war.

Die Freude dauerte nicht lange, denn die Reederei setzte mich dort ein, wo sie wollte, oder man kann sagen, wo es Probleme gab, und am 25. Oktober mußte ich auf das MS „Schwarza" aufsteigen. Dieses Schiff war im Prinzip das Schwesterschiff des MS „Weida" und somit technisch kein Problem für mich, aber insofern interessant, als ich einen Inspektor der „Technischen Inspektion" ablöste. Nun konnte ich auch einmal die mir als vorbildlich dargestellte Arbeit eines „Technischen Inspektors" im bildlichen Sinne erleben. Es war nicht alles „Gold", was glänzt, denn es gab Dinge die ich geraderücken mußte. Dazu muß man wissen, daß die Struktur der Deutschen Seereederei so aufgebaut war, daß es eine „Technische Inspektion" und eine sogenannte „Reparaturinspektion" gab.

Die letztere sorgte dafür, daß die Schiffe technisch einwandfrei zur See fahren konnten, und das war für mich maßgebend. Die „Technische Inspektion" war für mich im Prinzip eine politische Abteilung, die für Personaleinsatz der Ingenieure sowie den gewaltigen und vielfach irrsinnigen Aufwand an Verfügungen und Mitteilungen zuständig war und eine Kontrollfunktion ausübte. Das beinhaltete auch die Einbindung dieser Abteilung mit der SED-Führung der Reederei und der Staatssicherheit.

Da meine Familie drängte, ich solle doch an Land eine Stellung annehmen, hatte ich mich auch für eine Arbeit in der „Technischen Inspektion" interessiert, aber ich hatte dort keine Chance, denn ich hatte keine Beziehungen, und politisch war ich wohl nicht auf der Linie der Staatspartei.

Dazu kam, daß wichtige Entscheidungen grundsätzlich in der „Nautischen Inspektion“ gefällt wurden, somit war die „Technische Inspektion“ nur ein ausführendes Organ. Das führte nicht nur zur Beliebtheit dieser Abteilung, und somit war sie, nicht nur aus meiner Sicht, überflüssig.

Wie es aussah, sollte es für mich eine kurze Reise werden, denn wir fuhren durch den Nord-Ostsee-Kanal nach Hamburg zum Laden und dann direkt nach Lattakia in Syrien. Auf dieser Reise kam ich oft auch mit dem Kapitän zusammen, ein sympathischer älterer Herr und Seemann, wie er im Buche steht, und es ergaben sich auch private Gespräche. Er erzählte mir, daß seine Mutter in einem Haus in Rendsburg direkt am Nord-Ostsee-Kanal lebt. Sie wußte, immer wenn er dort mit seinem Schiff vorbeikam, daß er dann die Flagge dippt und sie auch.

Durch Zuträger hatte die dafür zuständige Abteilung der Reederei, auch die Staatssicherheit, davon erfahren, hatte ihm den Gruß verboten. Außerdem habe er jeden Kontakt zu seiner West-Verwandtschaft zu unterlassen, dazu gehörte natürlich auch seine Mutter, ansonsten habe er mit Konsequenzen zu rechnen. Das hätte dann Berufsverbot bedeutet, und seine Familie in der DDR wäre ebenso betroffen gewesen.

Für mich war das nichts Neues, denn ich mußte meine Verwandten in Braunschweig, Flensburg und West-Berlin ebenso verleugnen. Eine entsetzliche Situation, und man geriet durch diese Staatsdoktrin in Gewissenskonflikte, die manchmal schwer auf einem lasteten und zu einer unüberlegten Reaktion führen konnten.

Es war tatsächlich eine schnelle Reise, wir waren mit unserem in Lattakia geladenen Expeller wieder in Hamburg, und am 8. Dezember 1977 musterte ich von dem Schiff ab.

Ich hatte vor einem halben Jahr Uschis Mitreise beantragt, und die Behörden hatten nach der üblichen Prozedur dem Antrag zugestimmt.

MS „Rhön“

Nun brauchte ich noch ein Schiff. Das fand sich sehr schnell, denn es weihnachtete sehr, und wer wollte nicht gerne bei seiner Familie sein? Für Uschi und mich bedeutete diese Reise ein längeres Zusammensein. Die Chance, in das kapitalistische Ausland zu kommen, war für einen normalen DDR-Bürger fast unmöglich. Unseren Sohn konnten wir leider nicht mitnehmen, der mußte als sogenanntes Faustpfand in der DDR zurückbleiben.

Wir brachten ihn bei unseren netten Bekannten unter, die natürlich vorher von den Behörden durchleuchtet wurden.

Am 9. Dezember 1977 musterte ich auf dem MS „Rhön“ an, und im Prinzip brauchte ich meine persönlichen Sachen nur von einem Schiff zum anderen zu tragen. Da dieser Schiffstyp mir unbekannt war, mußte ich mich schnell mit allen technischen Anlagen vertraut machen.

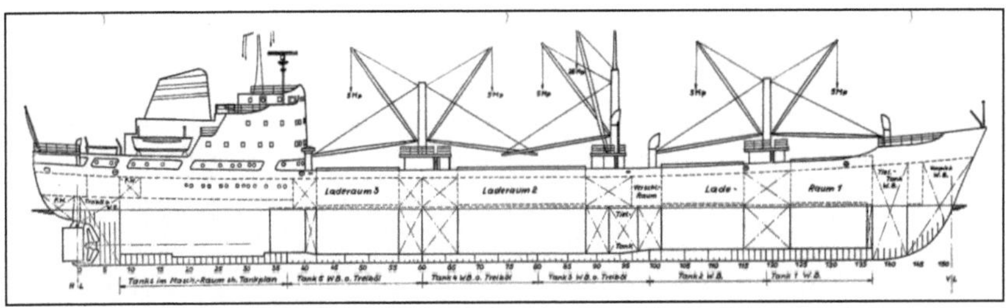

Einige Parameter:
Länge: 114,4 Meter
Breite: 15,4 Meter
Tiefgang: 7,2 Meter
Deplacement: 8070 Tonnen
Geschwindigkeit: 15,5 Knoten
Hauptmotor: Burmeister & Wain 750-VTBF/110 mit 3820 PS

Der Hauptmotor war mir bekannt und ebenso einige Standardaggregate.

Die Besatzung bestand aus 30 Mann, eigentlich 29, denn hier fuhr ein Politoffizier mit, und das war neu für mich.

Den Kapitän kannte ich, ein netter Mann. Somit liefen wir dann am 13. Dezember aus. Das Schiff war natürlich vorher äußerst gründlich von den Behörden nach „Republikflüchtigen“ durchsucht worden, und meine Kabine besonders, denn wir hätten ja unseren Sohn mitnehmen können. Uschi war wieder sehr erbost über diese Verfahrensweise der Behörden, aber für mich war das alles „normal“, und ich mußte sie beruhigen, denn sonst hätten wir Probleme bekommen.

Wir fuhren via Skagen, also um Dänemark herum, zu unserem ersten Ladehafen, und das war Bremen. Uschi war wieder einmal im „Goldenen Westen“.

Es gab eine neue Anweisung der Reederei, sicherlich von der Staatssicherheit, die eine absolute Kontrolle der Besatzung im Ausland beinhaltete. Alleine durfte man nicht mehr an Land gehen, Mindestanzahl zwei Personen, und wenn ich mit Uschi an Land wollte, mußte eine dritte Person dabei sein.

In Bremen lagen wir für einen Tag im Europahafen. Ich fand einen dritten Mann, der mit in die uns bekannte Stadt ging. Beim Roland auf dem Marktplatz ging dann jeder seiner Wege, und nach unserer Stadttour trafen wir uns dort wieder für den Rückweg.

Unser nächster Hafen war Rotterdam, wo wir um 03:00 Uhr morgens am 18. Dezember im Waalhaven festmachten. Hier hatten wir nun drei Tage Zeit für einen Stadtbummel, und Uschi kannte ja schon einiges, aber nach vier Jahren, seit ihrer letzten Mitreise, hatte sich doch allerhand in Holland verändert. Nun ging wieder die nervige Prozedur los, einen vernünftigen Mann zu finden, der mit uns gemeinsam an Land ging, denn der Politoffizier paßte auf wie ein „Schießhund“. Mir war es sowieso schleierhaft, was dieser Mensch den ganzen Tag machte! Wie ich von einigen Besatzungsmitgliedern hörte, war er keine sehr große Geistesleuchte, aber ein strammer SED-Mann. Von Schach hatte er keine Ahnung, und zum Skatspiel war er zu dämlich.

Durch seine Neugier für meinen Verantwortungsbereich ging er mir auch ständig auf die Nerven, aber man mußte ja höflich bleiben.

Für unsere Landgangstouren fanden wir immer jemanden und umgingen wie gehabt diese unmögliche Landgangsregelung, die auch einen Eingriff in die Privatsphäre bedeutete. Bei der Besatzung gab es für diese totale Kontrolle kein Verständnis, und der Politoffizier war in Erklärungsnöten.

Für viele war die umfassende Bespitzelung der Seeleute keine Neuheit, denn durch unseren ständigen Aufenthalt im Ausland konnten wir jederzeit Kontakt zu Personen aufnehmen, die dem DDR-Regime feindlich gesinnt waren.

Das wurde mir auch in meiner Familie deutlich gemacht, denn inzwischen hatte Uschis Schwester geheiratet, und ihr Ehemann war „Hauptamtlicher Mitarbeiter des Ministeriums für Staatssicherheit". Das war besonders für mich keine erfreuliche Sache, aber Verwandtschaft kann man sich nicht aussuchen, Freunde ja. Bei einer Familienfeier fand er meinen „Ceuta-Brandy" sehr gut, den hielt ich für besondere Gäste parat. Diesen Stoff unterschätzte er und gab mir in seinem Zustand, also „blauer Dunst bei klarer Sicht", die Stasi-Einschätzung für die Seeleute zum Besten. Die lautete etwa so: „Alle Seeleute sind für die Staatssicherheit politisch unzuverlässige Personen, egal ob sie in der SED sind oder nicht." Das wußte ich sowieso, aber so etwas direkt zu hören, das war doch interessant. Am nächsten Tag hat er sich nach der „Brandy-Wahrheitsdroge" wohl an nichts mehr erinnert.

Wir verließen das freundliche Rotterdam, fuhren nach Dünkirchen in Frankreich, wo wir am 20. Dezember ankamen, das war unser letzter Hafen in Europa. Hier lagen wir nun fast vier Tage, und das Dilemma mit der Landgangsregelung war wieder allgegenwärtig. Eines Tages wollten wir mit mehreren Besatzungsmitgliedern an Land, und in der Stadt wäre wieder jeder seiner Wege gegangen. Aus heiterem Himmel erschien der Politoffizier und wollte mit. Dagegen war gezwungenermaßen nichts einzuwenden. Nicht nur ich dachte wohl im stillen: Das fehlt uns gerade noch! Wir zogen nun wie eine Hammelherde mit dem Gedanken los: Wie bekommen wir den ausgetrickst? Zum „Seafarers Centre Dunkerque" in der Rue de l'Ecole Maternelle, wo ich oft war und wo man westdeutsche und Seeleute aus aller Welt traf, konnte man mit diesem Menschen nicht hingehen, das würde als Kontaktaufnahme gewertet. Da ich mich etwas in der Stadt auskannte, ging ich mit Uschi in eines der vielen unübersichtlichen Kaufhäuser und sagte zu ihm: „Meine Frau will Shopping gehen, das bedeutet Zeit und Geduld, und falls wir uns tatsächlich verfehlen sollten, treffen wir uns vor dem Haupteingang wieder." Wir verfehlten uns und die anderen ebenso! Nach etlichen Stunden trafen wir uns dann wie abgesprochen wieder, und was er dann in seinem Report geschrieben hat, das war für mich erst einmal uninteressant, und ein weiteres Mal wird er mich mit einem gemeinsamen Landgang verschonen, denn so dämlich konnte man wohl nicht sein.

Am 24. Dezember 1977 liefen wir von Dünkirchen in Richtung Mittelmeer aus, und um 17:30 Uhr war „Beginn der Seereise". Nun bekam Uschi einmal mit, wie eine „Seemanns-Weihnacht" so abläuft. Es war alles festlich geschmückt, Tannenbäume und einen „bunten Teller" gab es auch, und der Koch hatte sich besondere Mühe mit dem Festessen gegeben. Der Kapitän hielt seine Ansprache, Grüße aus der Heimat gab es, aber insbesondere die Verheirateten waren sicherlich in Gedanken bei ihren Familien und wir bei unserem Sohn. Ich war nun in einer anderen Situation, ansonsten hätte ich mich wieder in die Arbeit gestürzt, um die Heimatgedanken zu unterdrücken.

Auch das Wetter in der Biskaya sowie im Atlantik war gut, und Uschi überstand ohne Seekrankheit die sanfte Dünung. Wir passierten am 28. Dezember um 18:00 Uhr Gibraltar, und auch das Mittelmeer empfing uns freundlich. Uschi konnte sich nun einige Tage an Deck sonnen. Aber es gab noch die Silvesterparty, die in der großen gemütlichen Bar mit der obligatorischen „Gewerkschaftsbowle" stattfand und für Uschi auch Einblick in eine Bordfeier bot.

Am 3. Januar 1978 liefen wir Zypern an und gingen für fast fünf Tage auf Reede von Limassol vor Anker. Inzwischen hatte ich mich gut mit dem Schiff vertraut gemacht, mein besonderes Augenmerk war auf die Sicherheit und den Umweltschutz gerichtet. Denn bevor ich hier meinen Dienst antrat, hatte es einen Maschinenraumbrand mit einem Toten gegeben. Daraus hatte man die Konsequenz gezogen, einen Notausgang hinter der Hauptschalttafel zu schaffen, denn im Ernstfall saß man dort vorher in der Falle.

Was mir auffiel, war der katastrophale Zustand der Maschinenraumbilge. Man lebte hier mit zahlreichen Kraftstoffleckagen, und die Separatoren für die Reinigung des Kraftstoffes wurden bei Notwendigkeit einfach in die Maschinenraumbilge „ausgeschossen". Das war für mich kein Zustand, und eine Abänderung war notwendig. Auf Reede von Limassol war dazu Zeit, diese Mißstände zu beheben, und die Skeptiker hatte ich von der Notwendigkeit überzeugt. Die gesamte Maschinenraumbilge wurde gereinigt, und insbesondere beim Transfer- und Bunkersystem für Dieselkraftstoff wurden die Leckagen beseitigt. Ebenso mußte der für die Reinigung des Bilgenwassers stark verschmutzte Entöler gesäubert und wieder in Funktion gebracht werden.

In Hafen von Limassol lagen wir nur einen Tag. Ich ging mit Uschi alleine an Land. Der Politoffizier sagte zu mir nichts mehr, und der Kapitän hielt sich da raus; ihm war das alles zu übertrieben, denn wer Kontakte aufnehmen wollte, der fand auch einen Weg, und bei der sogenannten „Republikflucht“ ebenso.

Die schöne Insel Zypern wurde 1974 leider in ein griechisches und türkisches Gebiet geteilt. Uschi kannte ja noch die politisch ungeteilte Insel. Ich hatte das Drama in diesen Jahren mitbekommen und das Leid der vertriebenen griechischen Bevölkerung aus dem türkisch besetzten Teil der Insel gesehen. Das machte mich gerade durch unsere deutsche Geschichte betroffen. Während der militärischen Aktionen im Zypernkonflikt bekamen wir von der Reederei eine „Kriegszulage“, jedenfalls nannten wir es so.

Wir befanden uns auf dem griechischen Teil, und die fleißigen Griechen mußten mit dieser Situation leben. Bei unserem Landgang hatten wir freundliche Begegnungen mit den Griechen und nette Erlebnisse.

Am 10. Januar waren wir dann für drei Tage in Beirut im Libanon. Hier gab es ja bereits seit dem April 1975 einen Bürgerkrieg, und 1976 marschierten die Syrier ein. Für mich waren diese Kämpfe zwischen den maronitischen Phalanga-Milizen, den libanesisch-muslimischen Milizen und den palästinensischen Milizen unverständlich, denn in der DDR-Presse gab es hier einseitige oder unverständliche Berichte. Die DDR stand auf seiten der Syrier und Palästinenser, und die grundlegenden Probleme bekam ich nur aus der BRD-Presse mit.

In Beirut konnten wir uns noch frei bewegen, jedenfalls am Tage, und für Uschi war natürlich die Stadt, nach ihrem letzten Besuch vor vier Jahren, wieder sehr interessant.

Nun ging es weiter nach Lattakia, dort trafen wir am 13. Januar ein und gingen am Morgen um 03:00 Uhr für fast zehn Tage vor Anker. Danach machten wir an der Innenmole und den Tonnen im Hafen fest. Es begannen die umständlichen Entladungsarbeiten in Bargen und mit dem eigenen Ladegeschirr. Um an Land zu kommen, waren wir auf die landseitigen Barkassen angewiesen, und das bedeutete arabisches Timing.

Durch die lange Hafenliegezeit hatten wir genügend Zeit, uns in dieser ansonsten nicht sehr interessanten Stadt umzusehen. Am 1. Februar war es dann endlich soweit, und wir verließen Syrien.

Da unser Kraftstoff nicht ausreichte, liefen wir am 10. Februar Ceuta als Bunkerhafen an, mußten aber erst einen Tag vor Anker gehen. Wir sollten

350 Kubikmeter Kraftstoff bunkern. Das nahm einige Zeit in Anspruch, und dadurch hatte Uschi auch Gelegenheit, diesen Freihafen kennenzulernen. Unsere Weiterreise war dann um 03:00 Uhr am 12. Februar, wir sollten nach Hamburg.

Nun kam die Mitteilung von der Reederei, daß das Schiff auch wegen notwendiger Erneuerung der Schiffsklasse in Hamburg ins Dock soll. Mit unserer Ankunft in Hamburg am 17. Februar lief das Schiff gleich um 15:00 Uhr in das Dock 14 bei Blohm & Voss (HDW) ein. Der nächste Tag war ein Sonnabend, und für mich begann am Montag mein Studium in Warnemünde. Ich wurde abgelöst und fuhr mit Uschi zurück in die DDR nach Rostock. Bei dieser Zugfahrt sah Uschi nun, wie man von den DDR-Behörden bei Hernburg an der deutsch-deutschen Grenze behandelt wurde und daß ich bei den erzählten Schikanen nicht übertrieben hatte.

Am 20. Februar begann das dritte und letzte Semester meines Studiums. Die gesamten Studienfächer mit den vielen Klausuren und mündlichen Prüfungen überstand ich glücklich. Am 27. Juli war dann im Bernsteinsaal des Hotels „Neptun" in Warnemünde die feierliche Zeugnisübergabe. Ich hatte das Studium mit „Gut" abgeschlossen und war nun Hochschulingenieur. Es begann für mich die Suche nach einem Thema für die Diplomarbeit; das war eine heikle Angelegenheit, denn ich wollte mir nicht irgend etwas aufdrücken lassen, sondern mir das Thema selbst suchen.

Eine interne Anweisung der Seefahrtsschule besagte, daß mindestens 20 Prozent der Diplomarbeiten ein politisches Thema beinhalten sollten, und wenn das mich getroffen hätte, wäre das bei meiner politischen Einstellung wohl ein Desaster geworden. Es kam dann mit dem für mich zuständigen Professor und der Reederei zu einer Einigung über ein Thema, das mich interessierte und auch Untersuchungen auf Seeschiffen erforderte.

Auf der „Neptun-Werft" in Rostock wurde gerade ein neuer Schiffstyp in Serie gebaut, und auch der Hauptmotor war eine neue Konstruktion. Das war das Richtige für mich und entsprach auch den Anforderungen an eine Diplomarbeit. Mein Thema wurde dann auch konkretisiert und lautete: „Die Auswertung bisheriger Betriebserfahrungen des Motors 12 VDS 48/42 AL-2 für den Einsatz weiterer Anlagen und deren Instandhaltung". Es handelte sich um einen V-Motor mit einer Leistung von 5300 KW (7200 PS) und wurde vom VEB Schwermaschinenbau „Karl Liebknecht" in Magdeburg/

Halberstadt gebaut. Die Erprobung erfolgte auf dem ersten Schiff der sogenannten Poseidon-Klasse, dem MS „Rudolf Diesel“. Das Schiff wurde am 30.8.1975 in Dienst gestellt.

Von diesem Schiffstyp wurden 19 Stück gebaut, davon aber acht Stück mit einem MAN-Kreuzkopf-Lizenzmotor vom Typ K6Z57/80F mit 5400 HP.

Im Vorfeld meiner Diplomarbeit bemühte ich mich um internationale Literatur für das Thema V-Motoren, und das sah in der DDR nicht gut aus. Selbst bei der Technischen Universität Rostock konnte man westliche Literatur nur im Lesesaal einsehen, und das war auch mit erheblichen Problemen verbunden. Für mich war das kein Zustand, und ich mußte dafür eine Lösung finden. Nun kam noch dazu, daß meine Arbeit als „Vertrauliche Dienstsache (VD)“ eingestuft und ich mit einer Sondergenehmigung ausgestattet wurde. An dem Motor war nicht nur die Deutsche Seereederei Rostock interessiert, sondern auch die DDR-Volksmarine, und somit ergab sich eine besondere Sicherheitsstufe, die manchmal in Übertreibung ausartete.

Nach Absprache mit der Reederei musterte ich am 9. Oktober 1978 auf dem MS „Rudolf Diesel“ an.

MS „Rudolf Diesel“

Schiffslänge: 120,6 Meter
Breite: 17,6 Meter
Tiefgang: 7,8 Meter
Deplacement: 11.150 Tonnen
Reichweite: 10.000 Seemeilen

Dieser Schiffstyp hatte einen Maschinenkontrollraum, der Hauptmotor wurde mittels Fernsteuerung über einen Verstellpropeller von der Brücke gefahren und hatte die Klassifikation „DSRK KM Ice 4 AUT 24“. Das bedeute, daß im See- und Hafenwachbetrieb der Maschinenraum aufgrund der Automatisierung nicht mehr besetzt sein mußte. Die Ingenieure hatten in ihren Wohnräumen entsprechende Tableaus, die Störungen mit den Dringlichkeitsstufen anzeigten. Das war für mich alles Neuland, aber kein großes Problem.

Am 15. Oktober liefen wir durch den Nord-Ostsee-Kanal nach Hamburg aus, und hier kümmerte ich mich intensiv um Fachliteratur. Durch Bekannte bekam ich umfangreiche Fachzeitschriften und Literatur, die in der BRD für jedermann zu haben waren. Ich hatte mich also „störfrei“ gemacht und war nicht auf die Gnade einiger Dozenten in der DDR angewiesen, die mit dieser Literatur ihre Vorlesungen hielten und damit den Studenten imponierten.

Das Schiff sollte eine Mittelmeerreise machen, und ich hatte nun neben meiner normalen Arbeit einige Zeit, mich intensiv mit dem Hauptmotor zu beschäftigen. Mit diesem Wunderwerk hatte es schon erhebliche Probleme gegeben, darunter fast ein Totalschaden, und ich stand einigen Dingen skeptisch gegenüber. Was viele nicht wußten, war, daß viele Bauelemente des Motors aus dem kapitalistischen Ausland eingebaut waren, also wurden Ersatzteile auch im Ausland gekauft.

Nach Hamburg liefen wir am 26. Oktober die Reede von Tripolis im Libanon an. Es lagen hier sehr viele Schiffe auf Warteposition, somit ließen wir uns registrieren und fuhren weiter nach Lattakia. Hier lagen wir auch vier Tage auf Reede, aber dafür nur zwei Tage im Hafen. Also wieder für fünf Tage zurück auf Reede von Tripolis und dann über zehn Tage im Hafen. Für mich war es insofern günstig, als ich im Hafen und auf Reede mehr Ruhe hatte und mich mit meinen Recherchen beschäftigen konnte.

Es kam nun der Zeitpunkt, wo ich merkte, daß ich überarbeitet war, und schon anfing, von diesem Motor zu träumen, das Schiff doppelt und als „Fata Morgana“ sah.

Man soll ja nicht übertreiben, und so ging ich mit einigen netten Leuten an Land und natürlich arabisch essen, das mochte ich.

Während des Studiums hatten wir kein Arabisch, aber als Seemann mußte man auch ohne das zurechtkommen.

Wir verließen den Libanon, fuhren nach Zypern und waren am 18. November für zwei Tage in Limassol. Unser Ziel war Newhaven in England, wo wir am 30. November ankamen. Die Stadt liegt an der Küste von Südengland / East Sussex, sehr englisch, mit netten Geschäften und Pubs sowie Fährverbindungen nach Frankreich. Für zwei Tage blieben wir hier, aber dann ging es wieder zurück in die DDR, und am 3. Dezember waren wir in Wismar.

Für mich begannen nun die Zusammenfassungen meiner gewonnenen Erkenntnisse, auch Recherchen auf MS „Fleesensee“ und MS „Geringswalde“ sowie Erarbeitung eines Manuskriptes für meine Diplomarbeit. Damit verbunden waren schlaflose Nächte und Streß, aber meine Familie hatte für mich sehr viel Verständnis.

Endlich war es dann soweit, die Endfassung war fertig. Mein Professor war auch zufrieden, und der Termin für die Verteidigung stand fest. Diese fand dann am 20. März 1979 in Warnemünde statt.

Ich hatte mich mit meiner Seemannsuniform herausgeputzt. Uschi versuchte, mich zu beruhigen, und sprach mir Mut zu. Bei der Verteidigung waren Vertreter des Motorenherstellers aus Halberstadt und meiner Reederei anwesend. Die Verteidigung war nicht öffentlich, da sie „Vertrauliche Dienstsache“ war. Der Motorenhersteller war über meine kritische Arbeit nicht sehr erbaut, mußte sich aber mit den Tatsachen abfinden, und die Reederei bekam nun Argumente für den weiteren Betrieb und die Instandhaltung für diesen Motor. Nach Ende meiner Verteidigung, ich hatte die Zeit etwas überzogen, begann dann das bange Warten auf das Resultat, also akzeptiert und mit welchem Resultat. Mir wurde das Prädikat „Sehr gut“ erteilt. Damit hatte ich nicht gerechnet, und ich war überglücklich. Uschi konnte es auch nicht so richtig fassen, aber gezweifelt hatte sie nie an meinen Fähigkeiten.

Ich war nun Diplomingenieur. Das stärkte mein Selbstbewußtsein, und es ergaben sich für die Zukunft andere Perspektiven, und das nicht nur in der Seeschiffahrt.